宝くじで1億円当たった人の末路

鈴木信行

日経BP社

はじめに

大学時代から放浪生活（バックパッカー）を続け、新卒での就職を見送り、20代を旅人として過ごせば、どんな人生になるかご存知ですか。新卒採用主義の日本ですから、何となく〝やばいこと〟になりそうなのは誰だって分かりますよね。でも、その先の人生がどうやばくなるのか、はっきり正確に教えてくれる人はなかなかいません（不確かな情報はネットにいくらでも転がっていますが）。

30〜40代で友達がゼロの会社員が、今の孤独な生活を続けていったら最終的に人生はどうなっていくのか。こんな疑問にしっかりと答えられる人も、少ないでしょう。

地域コミュニティーや職場の「擬似家族化」が機能していた昭和の時代は、そもそも「いい年をして友人や知人が一人もいない人」自体、稀有な存在でした。でも今はむしろ、「いい年をして友達が大勢いる人」の方が少数派のはず。果たして友達がゼロの人は、どんな末路を迎えるのでしょう？

21世紀に入り、グローバル化の拡大とITの革新で、私たちの人生の選択肢は飛躍的に広がりました。

SNS（ソーシャル・ネットワーキング・サービス）で、日本にいながら世界中に知り合いを作ることもできるし（多少の語学力は必要ですが）、ネット上のフリーツールをフル活用すれば、誰だって起業家になるチャンスがあります。

バブル期以降続いた長期の円高傾向は日本経済から活力を奪う一方で、日本人の世界への門戸（海外留学や旅行）を大きく押し広げました。これらを有効に組み合わせれば、SNSで知り合った異国の友人とグローバルビジネスを立ち上げることだって不可能じゃありません。

要は、「その気になれば、誰だって大抵の挑戦はできる」。そんな時代に私たちは生きています。

でも、その割には「いろいろな挑戦をして人生を楽しんでいる人」って少ないと思いませんか。

これはひとえにみんな、人生で**一つの「選択」をした後、どんな「末路」が待ち受けているかよく分からなくて、不安**だからなのだと思います。

社会構造が単純だったひと昔前は、人生で、ある「選択」をするとどんな「末路」になるか、大体分かっていました。

「結婚」すれば、出産・子育てを経て、「平凡ながらそれなりに幸福な日々」が大抵待ち受けていたし、無理をしてでも「マイホーム」を買えば、ローンの支払いという苦労はありながらも、最終的には「一定の資産形成」に結びつきました。

でも今は、そんな保証は全くありません。離婚だって、住宅ローン破産だって珍しくない時代です。多くの人が経験する「結婚」や「マイホーム購入」でさえ、どんな結果を招くか判然としないのですから、「若き日のバックパッカー生活」や「友達がいない日常」の末路が一体どうなるかなど、誰にも分かるわけがありません。

だったら、気になる様々な選択の末路を専門家や経験者に取材してしまえばどうか。その選択をした後に待ち受ける運命がどんなものか分かっていれば、より多くの人がもっと人生を楽しむ社会になっていくかもしれない――。そんな発想から、本書の企画は始まりました。

ここで紹介するのは、「結婚」や「マイホーム購入」、「進路」といった〝自分の意思で決められる選択〟だけではありません。「宝くじ当選」のような、〝受動的な選択〟も含まれます。それはそれで、その末路を知っておくことは、思わぬ幸運（不運）が舞い込んだ際の心構えになると思います。

いずれの末路も、日経ビジネスオンラインに掲載した専門家へのインタビューをベースに、本書向けに編集した上で、「結論」と「解説」を大幅に書き下ろしました。

「あんなことしちゃったら、どうなるんだろう」「あんなことに巻き込まれたら、どうなるんだろう」――。多くの人が普段からそう思っている末路ばかりのはずです。

最後までぜひお楽しみください。

宝くじで1億円当たった人の末路　目次

第1章 やらかした人の末路

第2章 孤独な人の末路

第7章 仕事人間の末路

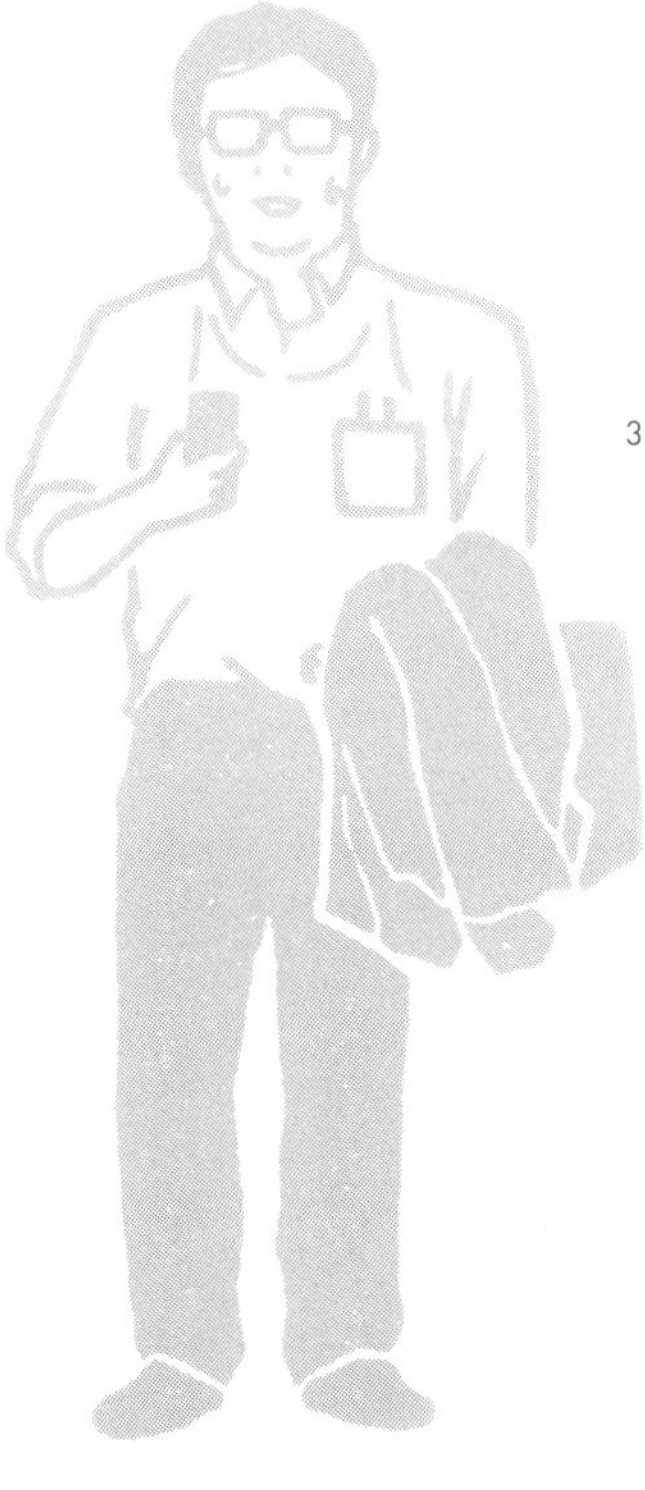

第1章

やらかした人の末路

宝くじで1億円当たった人の末路

マネーの専門家、マネーフォワード取締役の瀧 俊雄氏に聞く

7億円もの1等賞金を巡り、毎年暮れに盛り上がる年末ジャンボ宝くじ。だが、この本を読んでいる多くの人が、投資金額の回収すらままならない状況にあるのは想像に難くない。それもそのはず、物の本によれば、年末ジャンボ宝くじで1等が当選する確率はおよそ1000万分の1以下。つまり、一生買い続けてもほとんどの人は当たらない。それが宝くじというものなのだ。

それでも、「人生は何があるか分からない。現実に毎年当選している人が存在する以上、もしかしたら自分にも奇跡が起きるかも……」と妄想をしてしまうのが人間。だからこそ宝くじビジネスが成り立っている。

だが、ここに、「宝くじは当たったら当たったで、ろくなことにならない」と公言するマネーの専門家がいる。大金を手にしたのにろくなことにならないとは、一体どういうことなのか。

――7億円とは言いませんが。1億円でも当たれば、人生が変わる気がするんですが。

瀧　宝くじの当選金が払い戻される際、銀行から高額当選者に『【その日】から読む本』という冊子が渡されます。中には、「当選した興奮と付き合い、落ち着いたらローンなどの返済を優先すること」などが書かれています。そういう冊子が配られること自体、宝くじが当たった瞬間に舞い上がってしまい、家庭内トラブルを巻き起こしたり、一度に大金を手にしたが故に身を滅ぼしたりするケースが少なからず存在する証拠だと思います。

――どういう悲劇のパターンがあるのでしょうか。

瀧　まずポピュラーなのは、家族・親族内トラブルだと聞きます。例えば、宝くじを当てると家族はもちろん、それまで縁遠かった親族までが直接・間接的に〝おすそわけ〟を要求してくる。家族の間でも、お金以外の話題が食卓の会話に出なくなる。

「当たったらどう使う？」家族で大喧嘩した思い出

――運が悪ければ、「一家離散」のきっかけにすらなりかねない、と。でも、なんか分かります。「もし宝くじが当たったらどうする」という話を家族でしていて大喧嘩に発展したことってありませんか。

瀧　シミュレーションでさえそうなのだから、実際にお金が入ってくると、入念な準備がないとトラブルは必至です。

――でも、当てた人が、家族にも親族にも黙っていたら無用なトラブルは起きないのでは？　たんす預金や海外の金融機関に預けて少しずつ使えば親族にも近所にもばれない。盗難や、税務署に痛くない腹を探られるリスクは置いておくとして。

瀧　現実には、当たる前は「黙っていよう」と思っていても、多くの人はばれてしまいます。我慢し切れずに自らカミングアウトする人もいるし、隠そうとしてもついつい生活が派手になり周囲に隠し切れなくなる人もいるようです。

――なるほど。

瀧　人間の浪費というものは一回始まるとなかなか止まらないものなんですね。普段、2000円の寿司を食べている人が、宝くじが当たって「自分へのご褒美」などといって1万円の寿司を食べたとしましょう。ところが美味しいものを食べた時に出る脳内麻薬は、寿司の金額が5倍になっても、比例して5倍になることはありません。「あれ、おかしいな。じゃあ3万円はどうだろう」と、すぐエスカレートしてしまいます。クルマ、旅行、宝飾品……。浪費はどんどん膨れ上がり、周囲からすぐに「何かあったな」と勘繰られるようになるはずです。

――「そんなことには絶対にならない。自分は鉄の意志で自制心を失わない」と思っている読者もたくさんいると思いますが。

「自分は大丈夫」と思っている人ほど危ない

瀧　そう思っている人ほど、危ない。企業側も「急に資産を築いた人」の財布を開くためのマーケティングは研究し尽くしています。ただでさえ、人は「不慣れな金額の取引」は金銭感覚が麻痺して失敗しやすいものなんです。普段８００円のランチを食べている人が、別の店に行ってランチが１１５０円だったらどうします。

――慎重にメニューを吟味します。

瀧　でも５０００万円で家を買う時、70万円追加すれば、より生活が快適になるオプションが付きますよと言われたら。

――「そりゃもう５０００万円払うんですから、70万円なんて大した金額ではない」などと思う人もいるでしょうね。

瀧　そうですよね。でも、金額的には、その意思決定はランチの2000倍、吟味すべき対象なんです。それくらい、不慣れな取引ではいい加減な意思決定をしてしまいがちなんです。

超高級宝飾店で買い物をすれば、豪華なパンフレットやインビテーションが届くようになります。行けばVIPルームに通される。この〝あなただけ感〟〝エクスクルーシブ感〟に堪えられる人は多くないですし、一度味わうとそんな生活を諦めることはより難しくなります。「急な富裕化」というのはそのぐらい危険なことで、例えば米プロバスケットボールNBAを引退した人の60%は5年以内に破産しているというデータもあります。

——宝くじが当たった結果、固定費が上がって「かえって貧困化」しかねない、というわけですか。だったら、いっそのこと1億円持って引きこもったらどうでしょう。金庫に現金を入れて、仕事はせず、高級品は一切買わず、旅行もしない……。

瀧　そんなふうに大金が入った勢いで仕事を辞めてしまったりすれば、事態は一段と深刻になります。まずこれまでも話したように、1億円は使い始めると想像以上の速さで減っていってしまう。

それに、労働が私たちに提供してくれているものはお金だけじゃないんです。啓蒙主義を代表するフランスの哲学者、ヴォルテールは、かつて「労働は我々を3つの大きな悪から逃れしめる」と言いました。退屈、悪徳、欲求です。

――後の2つは分かりますが、最初は退屈ですか。

瀧　そのくらい退屈というのは人生にとって辛いものなんです。宝くじを当てて仕事を辞めてしまえば毎日、その退屈と向き合わねばならなくなる。

――そういや、富裕層の取材などをしていると、「お金を貯めようと必死になっている時は楽しかったのに、いざ、一生かけても使い切れないお金を手にしてしまうとつまんない」といった話をこっそり聞かされます。なるほど、宝くじは「人生のやる気を失う」ことにもつながりかねないわけですか。ならば、起業は？　起業なら暇にはならない。

人は不労所得を得ると冷静ではいられない。いわんや１億円をや

瀧　宝くじで得た資金で事業を始めるなんて最もハイリスクな選択です。飲食店に行っても3億円分は一生かけても食べ切れない。でも、誤った経営によって3億円を失うのは容

易にあり得ることです。
晴耕雨読の日々を過ごすのも、起業で第2の人生にトライするのも、それ自体は全く悪いことではない。でもそのためには入念な準備が必要で、宝くじの当選をきっかけに始めることではありません。早期退職も起業も、冷静な判断と緻密なプランが欠かせないんです。でも、人はたとえ少額でも、急に不労所得を得ると冷静ではいられない。身に覚えはありませんか。

――なら、結局、宝くじで1億円当てちゃったらどうすればいいんでしょうか。

瀧　まず親族内トラブルを回避するため、税理士、弁護士に相談しましょう。次に、複数の金融機関に相談し、信頼できるファイナンシャルプランナーを見つけて一緒に資金プランを立て、今の生活を変えないことです。もちろん仕事を辞めてはいけません。人との付き合い方も変えてはいけません。この部分さえしっかり押さえておけば、宝くじが当たってもまず大丈夫です。

――せっかく宝くじが当たったのに、ものすごく夢がない気がするんですが……。

瀧　そんな皆さんにぜひお聞かせしたいのが古典落語の『芝浜』です。大体こんな話です。魚屋の勝は、仕事のスキルは高いものの大の酒好きで失敗続き。そんな彼がある時、浜辺で財布を拾います。中にはとんでもない大金が入っていました。「これで一生遊んで暮らせる」。テンションが上がった勝は、仲間といつも以上のドンちゃん騒ぎを始めます。ところが翌日目覚めると、肝心の財布がありません。女房に聞いてもそんなものは知らないという。

——あーあ。せっかく宝くじが当たったようなものなのに。

瀧　ところが勝は、ここで一念発起します。「こんな夢を見るのは楽をして、あぶく銭を手に入れようなどと不埒なことを思っているからだ」と反省したんですね。以来、酒を断ち、身を粉にして働き、気がつけば商売は大繁盛。安定した生活を手に入れることができました。

そしてある日、勝はこれまでの苦労をねぎらい、ありがとうと妻に頭を下げます。ここで、妻は意外な告白を始めます。妻はあの日、夫が拾ってきた大金を見て、発覚すれば夫は死罪になりかねないと思い、こっそりと落し物としてお上に届けてしまったんです。

——勝は？

瀧　全く怒ることなく、「あの時、道を踏み外しそうになっていた自分を救ってくれたのはお前さんが財布を隠してくれたからだ」とその機転に深く深く感謝します。

落語って本当にいいもんですね

――おお。

瀧 感動した妻は夫の長年の頑張りをねぎらい、久しぶりのお酒を勧めます。そこで勝が一言。

――なんと?

瀧 「よそう。また夢になるといけねえ」

――お後がよろしいようで。

結論

宝くじで1億円当たった人の末路は?

一家離散、貧困化、人生の目的喪失……

ろくなことにはならない

(注)瀧さんの言う〝準備〟をしておけば大丈夫です

解説

宝くじは、数あるギャンブルの中でも、ものすごく割に合わない〝賭け事〟です。

1枚買って7億円が当選する確率は約1000万分の1以下で、交通事故で死ぬ可能性よりはるかに低く、99・999……％の人は、生涯買い続けても1等などまず当たりません。おまけに、控除率（購入代金に占めるテラ銭の比率）は約50％と、競馬や競輪（約25％）も真っ青の高さ。召し上げられたテラ銭は、販売経費を差し引かれた後、地方自治体に分配されることから、経済学の世界では「宝くじ＝愚か者に課せられた税金」と定義する人もいます。

それでも、多くの人が今日もせっせと宝くじ売り場に列をなすのは「万が一にも当選すれば、その日から一発逆転、バラ色の人生が待ち受けている」と信じて疑わないからです。が、マネーの専門家はそんな幻想を真っ向から否定します。瀧さんの話をまとめると、

外れ ⇩ お金と時間のムダ ⇩ ろくでもない

当たり ⇩ 親族トラブル、かえって貧困化、やる気の喪失 ⇩ ろくでもない

当たっても当たらなくてもろくでもない末路になるなら、**「そもそも宝くじは買わないという選択が正しい」**という結論にならざるを得ません。瀧さんが言う〝当選が招く不幸〟は決して大げさではなく、実際に2005年には、サマージャンボ宝くじの1等2億円に当選した岩手県の女性が、交際相手の男性に殺害される事件が起きています（判決は懲役15年）。

「宝くじ」を買う度胸があるなら、「ルンバ」を作れ

にもかかわらず、日本での宝くじ人気は依然高く、過去1年で1回以上、宝くじの購入経験がある人は推計で約5600万人もいるそうです。年齢別では40～50代の中高年が多いとのこと。

自分で稼いだお金をどう使おうと個人の自由ですが、不思議なのは、1000万分の1の確率を信じて宝くじ売り場に並ぶ〝勇猛果敢〟な日本の中高年が、会社の中ではとても挑戦意欲の低い保守的な上司だったりすることです。あなたの会社にも、新しいことへの挑戦を嫌がり、部下のアイデアを潰してばかりいる中高年上司

はいませんか。

日本の産業界では、２０００年代以降、ＩＴや家電分野で日本企業が世界に先駆けて新しいものを作れなくなりました。その背景には、バブル崩壊後、急速に進んだ「過剰なリスク回避主義」があると言われています。

皆さんは、日本の家電メーカーがロボット掃除機をなかなか開発せず（作れる技術はあったのに）、米アイロボット「ルンバ」の後塵を拝した理由をご存知ですか。「ロボット掃除機が仏壇のろうそくを倒して火災になるリスクを重視したため」（大手家電メーカー幹部）だそうです。

先祖に祈りを捧げようと仏壇に火を灯しながら、すぐに外出を思い立ち、出かける前になぜかろうそくを消さず、一方で「ルンバ」のスイッチを入れる――。そんな人が日本に一人もいない、とは言いません。でも、いくらなんでも心配しすぎ（リスクの過大評価）と思うのは私だけではないはずです。

人生もビジネスも「リスクを取ってリターンを取りにいく作業」の繰り返し。その際、何より大事なのは、目の前のリスクとリターンを正確に見極めることです。リスクもリターンも過大評価していては、人生も仕事もろくなことにはなりません。

リターンを過大評価⇒1000万分の1の幸運を信じて宝くじを生涯買い続ける

リスクを過大評価⇒仏壇が燃えるかもしれないのでロボット掃除機を開発せず新市場をみすみす海外企業に明け渡す

とりあえず、**「めったに起こらない幸運」を待ちわびるのも、「めったに起こらない不運」を恐れるのも、今日からやめてみる。**それだけで、落語『芝浜』の主人公・勝のように、人生やビジネスの可能性がぐっと広がる気がしますが、いかがでしょうか。

事故物件を借りちゃった人の末路

事故物件公示サイト運営管理人、大島てる氏に聞く

家の寿命は20年――。私が所属する「日経ビジネス」では、2016年にそんな特集を企画した。「この国では多くの人が『住宅は安定資産』と思い込んでいるが、それは誤解」というのが企画の骨子。日本独特の業界慣習によって、購入直後から住宅価値が理不尽に下落する現実などをリポートし、反響を呼んだ。

だが、今の時代、不動産の価値が下がる原因は、必ずしも「築20年の木造住宅の資産価値はゼロ」などといった新築偏重の硬直的ルールだけではない。ピカピカの新築物件でもその価値を一瞬にして暴落させかねないのが、殺人や自殺などの〝事故〟だ。法的には、〝わけあり物件〟は告知義務があるなどとされているが、現実には、そうとは知らず事故物件に住んでいる人もいるという。同分野のスペシャリストに「事故物件を借りちゃった人」の末路を聞いた。映画化された小説『残《ざん》穢《え》』のようなことは本当にあるのか、ないのか。

――事故物件公示サイト『大島てる』を運営管理されています。衝撃的な内容で、思わず自宅や実家の近辺を検索してしまいましたが、どんな経緯でこのような取り組みを始められたのですか。

住所や部屋番号、死因まで掲載

大島　もともと実家が不動産業だったんです。仲介業ではなくて、自分たちで土地を買ってビルを建てたり、マンションを買って入居者を集めたり、といったオーナー事業者でした。まずは土地や建物を買うわけですから、当然、目をつけた物件が〝わけあり〟でないかについては、その頃から気にかけていました。自分たちが気持ち悪がるというより、お客さんの中に、殺人事件や自殺があった物件には住みたくないと考える方がいましたからね。ただ当時は、事故物件の情報が公になっていなくて困っていました。名簿業者など様々なルートを通じてデータを買えないか探し回ったのですが見つからず、結局、自分たちで情報収集活動を始めることにしました。サイト開設は2005年9月のことです。

――サイトを見ると、日本全国及び海外の一部も含めた事故物件の住所や部屋番号、元入居者の死因などを知ることができます。どういう仕組みで、これだけの情報を集めることができるのですか。

大島　サイトを始めた当初は自分たちだけで情報収集していました。図書館に行って昔の新聞を読んで、どんな事件があったかを調べるといった、今思えば稚拙な手法でしたね。しかも人的資源に限りがありますから、東京23区限定だったんです。情報の網羅性を高めるため、2011年からは、情報を持つ人が誰でも自由に書き込める「投稿制」にして、対象エリアの制限も取り払いました。

――「投稿制」だとデタラメな情報がアップされたり、間違った情報がいつまでも掲載されたりしないのですか。

大島　一時的には間違った情報が載る可能性はあります。ただし、その場合でも遅滞なく削除・訂正される体制になっています。というのも、今では多くの不動産業者や大家さんがこのサイトをチェックしていて、間違った情報があると直ちに指摘してくれるからです。

事故物件情報というのはネガティブ情報ですから、皆さん敏感で、長期間放置されることはまずあり得ません。指摘さえすれば、削除なり訂正なりしてもらえると皆さん知っていますから、弁護士名の書面などが届くことも、今はほとんどないですね。「ウィキペディア」のように〝みんなで作っていくサイト〟にしたことで、正しさ・詳しさ・漏れのなさ・速さのいずれの点においても大幅に改善されたと考えています。

資産価値維持のため近隣住民が情報提供

――マンション名だけでなく部屋番号まで載っているのは驚きです。

大島　分譲マンションの場合、そのマンションの住民からの、「自分の部屋じゃない」という情報提供が期待できます。

殺人事件などがあった場合、一般メディアでは部屋番号まで報じることはあまりないですよね。でも、マンション名だけがひとり歩きしてしまうと、関係ない部屋の持ち主まで風評被害を受けかねません。そこで、関係ない部屋の持ち主が「自分の部屋じゃない」と申告してくる。そうやって情報が集まり、最初はマンション名だけだったのが、階数や部屋番号まで補充されていく。

一般メディアは、配慮のつもりで事件・事故現場を曖昧に報じているのでしょうが、本来は「何々町の何々マンションのこの部屋で」と言うべきなんです。そうしないと、地域全体が風評被害を受けてしまう。

――ただ、ここまで情報が正確かつ詳細だと、事故物件を抱えている不動産業者には相当目障りなサイトでは。サイトを閉鎖せよといったクレームはないんですか。

大島　不動産業界の関係者の中には、むしろこのサイトを活用している人が多いですね。業界関係者に不満があるとすれば、例えば事故物件の定義を巡ってです。

当サイトでは、「殺人」「自殺」「死者を出した火災」などに加えて、「孤独死」が発生した不動産も事故物件と定義しています。でも、業界では「孤独死は事故ではない」という認識が一般的なんです。そのため、「この部屋の元入居者は孤独死で、しかも死後わずか2日で見つかった。事故物件ではないので削除せよ」といった抗議が来る。

でも、入居者の立場からすれば「孤独死は事故にあらず」という理屈は通らないと思うんです。そもそも、「すぐ死体が発見されたから事故ではない」と言いますが、なぜ施錠された部屋の中の死体がすぐ発見されたのか考えてみてください。それだけひどい悪臭が漏れ出ていたからです。たとえ2日間でも、そのような状態にあった物件が事故物件ではないとは到底言い切れない。これが私の考えです。

――なるほど。とはいえ、いずれにせよ、今はうっかり事故物件を借りてしまうなどということはないんですよね。殺人や自殺があった物件は、その旨を契約時に告知する義務が業者にある、と小説『残穢』にも書いてありました。

大島　確かに、自殺や殺人、火災などで人が死亡したという心理的瑕疵《かし》（心理的な欠陥）がある部屋の場合、貸し主（大家）は借り主（入居者）に対して、事前に告知する義務があります。

——よかった。

告知義務はあるが、ルールはとても曖昧

大島　ただ、注意しなければならないのは、この告知義務はとても曖昧だということです。例えば事故が起きた後、入居者が次々に代わった場合、何人目まで告知する義務があるのかは、法令で定められているわけではありません。告知の年数も定められていない。業界では、事故後1人目の入居者には伝えることが潮流になっていますが、2人目以降の入居者には告知義務がないと考えられているようです。

中には、事故があったのに何事もなかったかのように振る舞い、通常通りの家賃で入居

者を募集する業者も存在します。そんな悪徳業者や悪徳大家から、消費者を守るのも当サイトの重要な役割の一つです。

さらに言えば、告知義務があるのは事故があった部屋だけとされています。このため、隣室や階下で事故があった部屋に、何も知らずに住んでいるといったことはいくらでもあります。

——そうなんですか……。でも、たとえそうだとしても、この科学万能の21世紀の世の中に、小説『残穢』みたいに、やばい部屋だからといって怪奇現象が起きるなんてことはないですよね？　事故物件の専門家として多くのいわくつき不動産を見聞きしてこられたと思いますが、その辺りの真実はどうなんでしょう。

大島　まず、同じマンションで立て続けに事故が起きる、ということ自体は珍しくありません。（事故物件サイトを見ながら）例えば、この東池袋の物件を見てみてください。

——うわ、何ですか、このマンションは。２００２年６月に５１３号室で死体遺棄、２０１０年８月に４１６号室で保護責任者遺棄致死、２０１３年９月に首吊り自殺。完全に小説『残穢』としか思えませんが……。

大島　こういう事例はレアではなく、先日もこんなケースを見つけました。２０１５年に

6階で殺人事件があったマンションの8階の部屋が入居者募集中で、チラシに「告知事項有り」という記載があったんです。

――業界のルールに則れば、事故があったのは6階だから告知する必要はないのでは？

大島　私もそう思って営業マンに尋ねると、8階は8階で、その後別件の自殺があったと教えてくれたんです。

――……。

大島　ただ、こうした「事故物件でどんどん事故が起きる現象」はいわゆる心霊現象などではなくて、合理的な理由があると私は考えています。

例えば、強盗殺人事件が起きたマンションは往々にして、防犯上の問題を抱えている。転落死亡事故が起きたマンションなら、バルコニーの造りに問題があったりします。火災の場合は消防車が通れない場所にありボヤで済まなかったなど、立地面の問題が考えられます。道路の突き当たりに位置し、クルマが突っ込みやすい土地にある建物なら、一度ならず何度も車両事故の被害に遭ってもおかしくない。また、事故物件化すると、賃貸物件の場合、家賃を下げざるを得ません。その結果、安い家賃の入居者と、事故前の高い家賃で住んできた入居者との間に溝が生じ、トラブルが起きやすくなることがあります。

〝呪いの物件〟は大半が説明可能だが……

――なるほど。表面だけ見ると〝呪いの物件〟のように見えても、そこには必ず科学的な根拠がある、というわけですね。安心しました。

大島　それでも、二重三重の事故物件をすべて理屈で説明できる、というわけではありません。私が知る限り一件、どうしても説明がつかないケースがあります。

――え……。

大島　北九州の物件です。マンションなんですが、事の発端はまず302号室の住人が室内で自殺したところから始まります。その部屋はその後、競売にかけられました。事故物件と競売物件は重なることが多いんです。住人が孤独死してローンが滞納するというパターンもあるし、競売にかけられ落札され、立ち退き当日に自暴自棄になって執行官の目の前で自殺したという事件もありました。だから、この302号室が競売物件として売りに出たところまでは、とりわけ珍しい話ではない。問題はここから先で、競売でその302号室を落札したのが真上の402号室の住人だったんです。

――そんな……。

大島　この402号室の住人は落札後、勝手に床を壊し、階段を作って、自殺があった部屋と自分の部屋をつなげてしまった……。

――……。

大島　そして2010年8月、この402号室の住人も自殺してしまったのです。現場は階段、つまり、もともと302号室だった部分だそうです。すべて本当の話です。

やはり世の中には科学で説明できないことがあるのか

――それって、完全に〝呼ばれてる〟んじゃ……。

大島　事故物件が次なる事故を招く現象は、ほとんどが説明可能です。でもすべてを説明できるわけではないのです。

――……。

大島　……。

――……。

結論

事故物件を借りちゃった人の末路は？

霊の仕業かはともかく、心身に支障をきたす者多し

解説

「自分は霊の存在など信じない」という人もたくさんいると思いますが、ここで重要なのは、

①「事故物件」では、現実問題として事故が連鎖して起きやすい

②その理由はいわゆる心霊現象ではなく、合理的・科学的な原因がある

という大島さんの指摘です。

要するに、「事故物件というのは、入居者が何らかのトラブルに巻き込まれやすい構造的・立地的欠陥がもともとある」という話で、だとすれば、**霊の存在を信じよ**

うと信じまいと、この手の物件は借りないという選択が正しい、ということになります。

いわくつきの物件は科学的にも敬遠した方が無難――。そんな理屈は、商業用不動産でも当てはまります。

好立地なのに客が寄り付かず、店が次々と入れ替わる。どこの街にもそんな不吉な場所はあります。縁起を担ぐ日本人の国民性もあって、「土地のたたり」などと噂され、廃虚化するケースもあるほどです。

例えば、関西南部にこんなエリアがあります。関西でも片田舎だったその地域が活気付いたのは、1994年の関西国際空港のオープンがきっかけです。沿岸部には、「りんくうタウン」が完成し、内陸側には新興住宅街があちこちに出現。付近の幹線道路沿いは、ロードサイド店にとって絶好の出店場所となりました。

しかし、そのエリアだけは別でした。目に付くのは「貸店舗」の看板だらけ。飲食店とおぼしき建物が点在しますが、営業しているのは一部だけ。元レストランらしき店舗は、駐車場に草が生い茂り、営業時間を示す看板は何度も上書きした痕跡が見られ、経営主体が目まぐるしく変わった形跡がうかがえます。

地元では一つの噂があります。「付近で商売が長続きしないのは池の呪い」というものです。件のエリアには後背に池があります。その池は、戦国時代から飢饉で亡くなった死体などを捨てていたという噂があり、地元の老人たちは子供の頃から「絶対に近づくな」と言われていたそうです。

呪いの背後にある科学的要因を見極め、合理的思考を磨け

さて、池の周辺で商売がうまくいかないのは、本当に池に捨てられた死者のたたりなのでしょうか。

もちろん、そんなはずはありません。専門家による種明かしをしますと、このエリアには「客が寄り付かない科学的理由」が3つありました。

まず1つ目の問題は、エリア前の「切れ目のない中央分離帯」です。道路の反対側から来るクルマが店に入りたくても右折できません。一方、店側の道路からクルマで来店する客も、店に寄った後、そのまま同じ方向へ行くならともかく、戻るなら、やはり分離帯がある結果、店を出てからしばらく走り、どこかでUターンしな

いと家に帰れません。相当面倒です。

「店から100mほど手前にある信号」も客を遠ざける一因でした。「信号から100m過ぎ」はクルマがちょうど加速する地点で、ただでさえ看板を見落としやすい。その上、この道は「なだらかな下り坂」になっていて、もともとスピードが出やすい。いずれにせよ、客が「ちょっと寄っていくか」という気分になりにくい立地、というわけです。

「事故物件で事故・事件が連鎖するのと同様に、特定の商業用物件に人が集まらない背景にも、必ず科学的理由がある」。これが、企業の出店戦略に詳しい専門家に共通した意見です。こうしたいわくつきの商業用物件も、借りないに越したことがないのは言うまでもありません。

皆さんも、街で見かけた〝呪いの商業用物件〟のカラクリを、ぜひ自分なりに解明してみてください。**人生や仕事で成功する上で必要な合理的思考をトレーニングするいい機会**になるはずです。おそらくインタビュー後半に登場した、北九州にある〝恐怖の物件〟にも、何らかの合理的説明ができる、と思うのですが……。

キラキラネームの人の末路

子供の名付けに詳しい命名研究家の牧野恭仁雄氏に聞く

「形を変えた子供への虐待」「家庭のモラルが低い証拠」……。奇抜な名前を子供に付ける親への批判が高まって久しい。当の親の中には、「個性を重視した」「名前で目立てば様々な点で有利」と自画自賛したり、「珍名・奇名でなくキラキラネームである」と強調したりする人も多い。その半面、世間一般の反応は温かいとは言えず、「就職の際にハンディになる」「いじめの格好の標的になる」などと囁かれて、随分経つ。

かわいいはずの我が子に、ややもすれば人生のハンディになりかねない奇天烈な名前を付ける親たちは何を考えているのか。非常識な名前を生まれながらに背負ってしまった人はその後、どんな人生を送ることになるのか。

命名の研究家に、名付けの最新事情や、奇抜な名前が子供の人格形成に与える影響などを聞いた。

――キラキラネーム、DQN（ドキュン）ネーム……。呼び名は様々ですが、「あまりに個性的で奇抜な名前」が世間を騒がせて随分経ちます。就職の採用現場では、キラキラネームというだけで書類選考が通りにくいとも言われますが、本当なのでしょうか。

「極端なキラキラ」は入社後の労務管理も大変

牧野　名前の専門家としてヒアリングしている限り、事実だと思います。選考段階の初期に、奇抜な名前をふるい落しの材料にすることは、企業として「合理的行動」とも言えるんです。

人気企業となれば、膨大な履歴書が送られてきます。応募者は誰だって自分に不利なことは書きませんし、最近は履歴書マニュアルも充実していて、志望動機などから明確な差を見抜くのは難しい。そんな状況で、採用活動を効率化するにはどうするか。自ずと「名前から受ける印象」が書類選考に及ぼす影響が高まらざるを得ません。実際、「読みにくかったり、ふざけた印象を与えたりする名前の学生からとりあえずふるいにかけていく」と明言する人事担当者もいます。

また、仮名を振らないと読めない難しい名前や、一般常識からかけ離れた名前は、入社後も、社内で様々な支障や混乱を生みます。小さな会社などの場合、「人を馬鹿にしているような名前の者を雇っている」といった噂が広まれば、企業や店舗のイメージすら悪くなりかねません。実務面で見ても、「極端なキラキラネーム」を積極的に採用しようという動機は起きにくいのが現実です。

——逆に、個性的な名前が武器になる場合はありませんか。多くの企業は顧客の新規開拓に苦労しています。「ウチにものすごく珍しい名前の新人がいるんで、今度、連れて行ってもいいですか」などと言えば、顧客との接点を作るそれなりのきっかけになると思うのですが。

牧野　キラキラネームがクラスに一人しかいなかった頃は、そうした側面もあったかもしれません。ですが、今やクラスの半分は個性的な名前で、もの珍しさも薄れ始めています。また、個性的な名前が武器になったとしても、一過性のものでしかない。

一方で、奇抜な名前の社員がいることの弊害は永続的です。電話の取り次ぎ、顧客からの問い合わせ、社内での各種資料の作成など、影響は多岐に及び、「本人が悪いわけではないと分かっていても、キラキラネームに不快感を抱く」と話す管理部門の社員は多い。

同じ理由で、医療や教育の現場でも奇抜な名前は非常に評判が悪いのが実情です。

——なるほど。ただ、お話を聞く限り、企業はあくまで採用業務や労務管理の効率化のために仕方なく彼らをふるい落しているだけで、「キラキラネームの子は、人格や能力に問題あり」と考えているわけではないんですね。

やはり「悪質なキラキラネーム」は問題

牧野　いや、それは甘い考えかもしれません。現実に、暴走族のような当て字を用いるなど「常識外れのキラキラネーム、DQNネーム」の子は、やはり普通の子に比べて問題を抱えて生きることになりやすい。企業も経験則でそれを分かっていると思います。

——親が付けた奇抜な名前が人格形成に影響を及ぼすのですか。

牧野　姓名判断や画数占いのようなスピリチュアルな意味ではありません。名前そのものが、その人の運の良し悪しや人格形成に直接影響を及ぼすことはない。ただ、そういう名前を子供に付けた親がどういう価値観を持つ人物なのかは、かなりの確度で類推できます。そして、そうした価値観を持つ親が育てた子供がどんな人格になるのかについても、相当な分析が可能です。

子供を玩具にしているかのような「悪質なキラキラネーム」を付ける親はどんな人たちだと思いますか。

――それは、何と言いますか「民度があまり高くなく、社会ルールも積極的には守らない、どちらかと言えばアウトローな人たち」が思い浮かびますが……。

牧野　全くの誤解です。奇抜な名前を付けようとする親の多くは、ごく普通の人たちです。階層も中流以上で、社会的地位もある大変真面目な人たちがすごく多い。

――なのに、なぜ……。

牧野　私の経験上、彼らには大きな共通項があります。「自分は個性的ではない」「抑圧された環境で没個性的な人生を余儀なくされてきた」という強い無力感、欠乏感を抱えているということです。そうした人たちが親になると、当然、子供には「個性的で格好いい人生」「環境に適応するのでなく自分で選んだ人生」を生きてほしいと願います。そんな思いが名付けの段階で暴走してしまう。これが「悪質なキラキラネーム」が生まれる最もありがちな構図です。

「キラキラネーム」の裏に潜む親の抑圧された心理

――「個性的な名前なら、人生も個性的になる」と安直に考えているわけですか。となると、我が子にキラキラネームを付ける親は、必要以上に個性的な人格になるような育て方をしてしまう、と。

牧野　いえ、そこが複雑なんですが、往々にして現実は逆になります。個性を磨いてほしいと口では言いながら、実際は「自分を押し殺して環境に適合せよ」「周囲に合わせて生きよ」と抑圧してしまう場合の方がずっと多い。

そもそも、個性的に育てようとしても、自分はそう育てられていませんから、ノウハウを持ち合わせていません。一方で、自分が親から無意識のうちに刷り込まれた「集団の中で自分を主張するのは悪」「周囲に迎合して個性を埋没させるのが最も生きやすい」といった価値観は簡単にはぬぐえないから、結局はそれを我が子にも押し付ける。つまり、奇抜な名前の子ほど「周りを過剰に気にする没個性的な人格」に育ってしまうんです。

――なるほど。

牧野　極端に奇抜な名前の子供には、そうした親の育て方に加え、風変わり過ぎる名前であるが故の様々な人生の苦難も待ち構えています。

まず、いじめの標的になることです。既に一部の私立学校では、「極端なキラキラネーム」の子は入学させないと言います。それだけ校内でいじめ事件が起きる確率が高まるからです。

また、親の不注意による不慮の事件や事故に巻き込まれるケースが多い印象もあります。目立つのが親の虐待の犠牲になることです。先ほど申し上げたように、奇抜な名前を付ける親の価値観のベースには、「我が子は自分の自由になるべきだ」という発想がありますから、自分の理想通りに育たないと、普通の人以上に感情が爆発しがちです。厚生労働省のデータでは、児童相談所で扱われた児童虐待相談件数は平成初期から24年間で約80倍に増えていますが、これは珍名・奇名が増えた時期と重なります。

――キラキラネーム、DQNネームが〝没個性人材を見抜くマーカー〟になるとすれば、個性的な人材を採りたいと考える企業が、採用活動で「常軌を逸したキラキラネーム」を真っ先に除外するのは、理にかなった行動と言えます。

牧野　少なくともこれまではそう言えるでしょう。

――「これまでは」と言いますと、今後は状況が変わってくる可能性もある、と。

牧野　先ほども申し上げましたように、昔と違って今は、「読み方が難しい変わった名前」の子は、マイノリティーではなくなりつつあります。クラスの半分が個性的な名前になる中で、キラキラネームだからといって採用での優先順位を落としていると、有能な人材をみすみす取り逃しかねません。そんな命名文化の端境期にある今だからこそ、企業は、個性的な名前を十把一絡げにするのでなく、そのレベルを精査、研究する必要があります。

企業は「キラキラネーム」を十把一絡げにするな

――同じキラキラネームでも「より悪性のもの」がある、と。

牧野　問題なのは、「他人を不快にする名前」と「間違った読み方の名前」です。前者は個人の価値観にもよるので範囲を限定するのは難しいのですが、後者は明確に規定できます。

漢字には音、訓、名乗りの読み方がありますが、そのどれにも該当しない読み方をさせている名前は、危険性が高いと言っていい。本来ならカタカナで書くべき名詞を強引に漢字に当てはめているようなケースです。「子供の命名は親である自分が個性を主張する千載一遇の機会」といった危険な思想が透けて見えます。

いつの世でも変わった名前を付けたがる人や、そうした風潮を嘆く人はいるもので、名付けに関する論争は鎌倉時代から繰り返されてきた社会現象です。

人の名も、目慣れぬ文字を付かんとする、益なき事なり。何事も、珍しき事を求め、異説を好むは、浅才の人の必ずある事なりとぞ。（吉田兼好『徒然草』第百十六段）

要するに「奇抜な名前を付けるのは下らないことで、賢い者のすることではない」と吉田兼好も言っているわけです。

――なるほど。いずれにせよ「常軌を逸したキラキラネーム」の人に苦難が待ち受けているのは間違いなさそうです。命名って大事なんですね。

結論

キラキラネームの人の末路は？

様々な意味で苦難が待つ。子供の名付けは慎重に

解説

「子供を自分の所有物」と考えている親の犠牲者、と聞いて誰もがまず思い浮かぶのが、キラキラネームを付けられてしまった人ではないでしょうか。牧野さんが指摘する「極端なキラキラネーム」の人を待つ末路を整理すると次のようになります。

①就職で不利

②仕事でも不利（管理部門などから面倒がられ、営業などでの〝名前のインパクト効果〟は限定的）

③名前の奇抜さとは裏腹に、没個性的な人格になりやすい

④いじめの標的になりやすい

⑤ 受験に不利

⑥ 親の虐待を受けやすい

あくまで公式の統計などがあるわけではなく、専門家による経験則ですが、説得力のある指摘に思えます。

子育ては親の人生の敗者復活戦ではない

ここで、「古い世代が妄信した常識を疑い、他人の目（常識、同調圧力）を気にせず、子供に独自性のある名前を付けるのはいいことなのでは」と思う人もいるかもしれません。

しかし、**常識を疑うことと、明らかに非常識なことをすることは似て非なるもの**です。少なくとも「他人を不快にする」「本来ならカタカナで書くべき名詞を強引に漢字に当てはめる」といった**「悪質なキラキラネーム」を子供に付ける選択は避けるべき**、と言えるでしょう。

牧野さんによると、キラキラネームを付けたがるのは「アウトローな人たち」などではなく、「自分は個性的ではない」と無力感を抱えて生きてきた普通の人々とのこと。自分が味わえなかった個性的な人生を歩んでほしいという願いを込めて、極端に個性的な名前を付ける――。だとすれば、こうした人たちは、子育てを自分の人生の敗者復活戦にしていると言われても仕方ありません。

第2章

孤独な人の末路

「友達ゼロ」の人の末路

人間関係に詳しい明治大学文学部の諸富祥彦教授に聞く

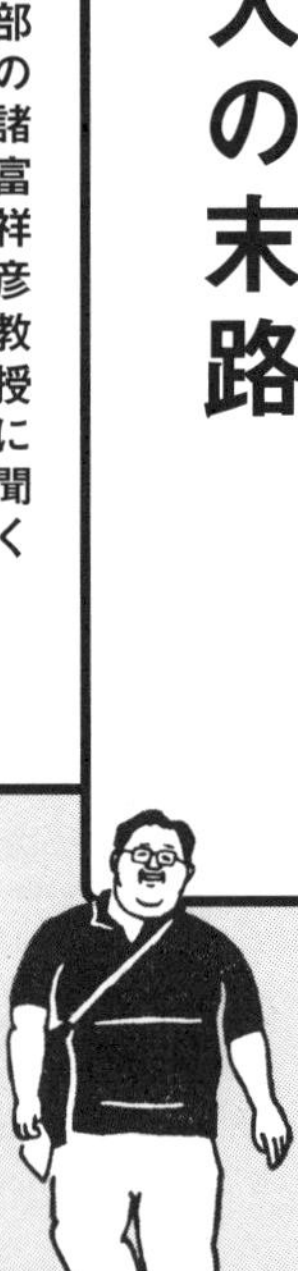

東日本大震災後、改めて「人と人との絆」の重要性を痛感した日本人。様々な場所で「誰かとつながること」の大切さが叫ばれ、ＳＮＳをはじめ、〝絆を確認するツール〟も世代を超えて大流行している。

だが、多くの人が友達作り・友達付き合いに励む一方で、ほとんど友人がいない〝孤独者〟も社会全体で増えつつある。

友人の数に関する統計には様々なものがある。社会人の平均は10人前後だが、いずれの調査を見ても「友達はいない」という層が5～6％は存在する。社会人30～40代、それなりに充実した人生を送り、信頼できる同僚も守るべき人もいるが、「友達」と呼べる相手は極めて少ないか、ゼロ――。そんな人も少なくないはずだ。「絆全盛」の今、友達が少ない人は人間としての価値も低いのか。

――友達が少ない、もしくはいない人は、ずばり人間として、何らかの〝欠陥〟があるのでしょうか。

諸富　「友達がいない」といっても様々なケースがあります。自分の人生を充実させるため人間関係に過剰に時間を奪われるのが嫌で、人脈を整理していたら、いつの間にか一人で過ごす時間が多くなった、という場合もあるでしょうし、友達が欲しくてしょうがない、飲み会に誘ってもらいたくてしょうがない、なのに周囲から嫌われて泣く泣く孤立しているという場合もある。今日のテーマはどちらでしょう。

――前者です。今、話題のＳＮＥＰ（孤立無業者）などではなく、会社に入って10～20年、紆余曲折を経ながらそれなりに充実した日々を過ごしてきた。信頼できる同僚も、守るべき人もいる。ただし、若い頃ならまだしも、仕事に子育てにと時間に追われる生活をしているうちに、同窓会などからは足が遠のき、会社の人間と休日まで交流する気にはなれず、ふと気がつけば「友達」と呼べる相手は極めて少ないか、ゼロ。例えば、そんなケースです。

諸富　ああ、でしたら問題ありません。

――ですが世間的には、「友達が少ないのは良くないこと」「友達がいない人間は変なやつ」という雰囲気が蔓延している気がしますが。

諸富　いやいや、僕に言わせれば、「誰かと絶えずくっつくことで安心感を獲得し、そうでない人間を排除しようとする人たち」こそ、よほど問題だと思いますよ。

「一人の時間を過ごせる力」、言い換えれば「孤独力」は、現代をタフに、しなやかに、クリエーティブに生きるための必須能力で、今からの時代、ますます大切になっていきます。その意味では、ビジネスパーソンに限らず、孤独を愛する人は、人生を充実させる上で強烈なアドバンテージを持っていると言っていい。

――でも現実に世間では、「交友関係が狭いのは悪しきこと」という空気が漂っていませんか。何かというと群れたがり、〝孤独者〟を許そうとはしない人も多い。職場でも、会社によっては、「友達がいない人間は価値が低い」「同僚と昼食を取らない人はどこか問題がある」「単独行動が多いのはわがまま」と認定する価値観が色濃く残っています。

諸富　確かに。その結果として「ランチメイト症候群」みたいな現象も出てくる。

――昼食を一緒に食べる相手のいない会社員、特に女性社員が、鬱やノイローゼにまでなってしまう現象のことですね。あれなどは、本人や周囲が「友達がいないのは人間として問題である」と思い込んでいるから起きるものでしょう。逆に、「友達は多ければ多いほどいい」とばかりに、部員全員で毎日ランチに行くことを事実上強制され、時間やお金の浪費に頭を悩ませている会社員も存在します。

諸富　いけませんね。昼休みぐらい「一人の時間」を作らないと、いいアイデアなんて浮かびません。本当に優れた発想というのは、一人で自分の内面と深く会話している時にこそ生まれるものなんですから。

日本人がここまで群れたがる本当の理由

——日本人は「孤独は寂しい、良くない」と考え、とかく群れたがる傾向が強い——。そんな見解を持つ人も少なくないようです。仮にそうだとすれば、その理由はどこにあるのでしょう。

諸富　背景には、日本という国全体を覆う「何事も目立たず、周囲と同じことをしなければならない」という同調圧力があるのだと思います。この国では、多くの人が「友達集団や職場集団の構成員と同じ価値観の下、同じ行動をしなければ安定した生活を送れない」と思い込んでいる。そう考える人にとっては、「周りと群れて、つるみ、同じことをすること」が最も安全な選択なんです。

――なぜ日本社会には、そこまで強い同調圧力が存在するのですか。

諸富　最大の理由の一つは、多くの人が小学校高学年から中学校にかけて体験する集団生活にあると、私は考えています。あの時代、クラスの中はいくつかの〝排他的集団〟に分かれ、子供たちはいずれかの組織に属さなければ平和な学校生活を送れません。

そして、安定して集団に属するためには、とにかく「周りと同じであること」が要求される。「周りと違うと、どんなひどい目に遭うか」、この時期に多くの人は、無意識のうちに体に叩き込まれて青年期を迎えるんです。

――それでしたら身に覚えがある人もいると思います。「同調圧力」は、教師や親からも日常的にかけられ、口では「個性を磨け」とか「オンリーワンを目指せ」と言いながら、本当に目立てば確実に良からぬことが起きる。そんな経験を持つ人も多いのではないでしょうか。スポーツエリートなど、集団から完全に突き抜けてしまう子は別なんでしょうけど。

諸富　中には年を取るにつれて、そうした同調圧力の強迫観念から解放される人もいます。しかし、染み付いた価値観を抱え、精神的に幼いまま大人になる人も多い。

――なるほど。そうした人にとっては、〝自分や周囲に同調しない者〟は「おかしな人」であり「変な人」であり「異端」のままなんですね。彼ら彼女らにとっては、「友達が少ない人」はもちろん、「ランチを一緒に食べない人」も「社員旅行や飲み会に消極的な人」も、みんな〝集団になじめないかわいそうな人〟になる。

だからこそ、「友達の少ない人」を哀れむし、一方で自分自身が孤独になることを恐れ、時にはノイローゼになりながらも「友達」の数を増やそうとする、と。

他人と群れれば、心を麻痺させ、楽になれる

諸富　加えて今の社会では、たとえ表面的であっても、幅広い人間関係を維持し、日々に忙殺された方がかえって楽に生きられるという側面もあります。生きていれば、誰だって人生の節目ごとに様々な悩みが生じてくる。でも、飲み会やＳＮＳなどで絶えず誰かとくっつき、スケジュールを埋め続けていれば、「自分の心を常に麻痺させること」が可能です。そうすれば、本来なら孤独の中で自分の心を深く見つめねば解決し得ない問題も先送りできる。

「群れる」「つるむ」というのは日々の不安を打ち消す上でとても便利な道具なんです。「群れる相手」「つるむ相手」の数が増えるほど、「自分にそれだけ価値がある」という根拠なき自信を持てるようにもなる。

――でも、そんなことをしていては、人間としてなかなか成長できないのではないかと思うのですが。

諸富　もちろんできません。それどころか、周囲と過剰に同調しようとすることで精神的に追い詰められてしまう人もいます。

――先生の著書『孤独であるためのレッスン』（NHKブックス）に、まさにそんな状況に陥った女子中学生が出てきます。「周囲の友達に合わせるのが大変で、それでもグッと我慢して自分を抑え、楽しくもない会話に楽しいふりをして、へらへら笑って付き合ってきた……これ以上我慢していると、自分でも自分のことがわけわかんなくなって、友達のこと、刺してしまいそう」――。こんな深刻なケースが本当に増えているんですか。

諸富　増えています。特に今の子供たちは、スマートフォンやSNSなど、ネットの発達で一段と同調圧力に追い込まれている。有名になった「メールを3分以内に返信しなければアウト」をはじめ、所属する集団の〝掟〟にわずかでも背けば、たちまち仲間外れにされてしまう。いわゆる「友だち地獄」です。

――社会人は、そこまではひどい状況にはなってないですよね。

諸富　いやいや、根本的な状況はさほど変わらないのではないでしょうか。中学生に比べれば成熟していますから殺意に向かう人はいないでしょうが、大人は、逆に自分を押し殺そうとする。会社員の間で〝心の病〟が流行しているのは、労働強化だけではないと思います。

――「自分の気持ちが特に欲してもいないのに無理やりに友達を作ろうとするのは、体に悪い」というわけですか。

諸富　それだけではありません。「群れること」の弊害はまだまだあります。自分が何をどう感じていて、何を欲しているのか分からなくなることです。

こういう人は人生の節目節目、特にレールから外れた時に、なかなか立ち直ることができません。そんな「自分を持たない人間」が、とりわけ定年を迎えると大変なことになります。

――このまま高齢化社会が深刻になれば、自分を見失った高齢者があふれかねない、と。

諸富　一方で、一人の時間をしっかり持っている人は、自分と向き合い、深い部分で自分が本当はどう生きたいのかよく考えていることが多いから、どんな時も心のバランスを維持することが可能です。その意味では、冒頭で出てきた「いつの間にか孤独を選んでいた人たち」は、実は自分の心がそうなることを欲して、無意識のうちに人間関係を整理してきたとも考えられます。

人生の重大な局面を迎えて、もっと自分を知りたい、この後どう生きていくべきか考えたい。そんな深層意識があって一人の時間を確保することを自分で選んできたとも言えると思います。

表面的な友達は、いざという時に助けてくれない

――なるほど。ただ、孤独に生きようと思いながら躊躇している人の中には、「あまり他人と距離を置きすぎると、いざという時に誰も助けてくれなくなるのでは」と考える人もいます。

諸富　ああ、それなら心配はいりません。広く浅くの表面的な関係で結ばれた友達が、いざという時に、本気であなたを助けてくれると思いますか。相手が苦しい時に自分の身を

投げ出してでも何とかしようとする。そうした深い人間関係は、「孤独を知った者同士」の間にこそ生まれる。人間は本来孤独であり、それぞれ自分の道を生きるしかない。そうやって孤独を引き受けた者同士だから、分かり合うための努力をする。孤独を知った者同士だからこそ響き合える、深い出会いがあるんです。

――同調圧力を背景に、半ば脅迫的につながっただけの関係の相手に、いざという時の親身な支援を期待するのは無理がある、というわけですか。お話を聞いているうちに、「友達が少ない、いないこと」は人としてダメどころか、様々なメリットすらある気がしてきました。少なくとも「誰かと絶えずくっつくことで安心感を獲得し、そうでない人間を排除しようとする人たち」よりずっと健全に思えます。「分かり合えない人」と形ばかりの関係を維持しようと神経をすり減らすより、健康にはいいし、自分を見失わなくても済む。孤独を知ることで、〝真の友〟との本当に深い出会いが待ち受けているかもしれない。

諸富　そうです。そうした深い出会いからは「この人だけは自分を見捨てない。どこかで自分を見守ってくれる」と思える人も、数は少ないかもしれませんが、きっと見つかるはずです。人間関係に悩んでいる人ほど孤独力を身に付けたら、毎日が爽快になります。

――分かりました。群れるのが苦手な多くの人が、勇気付けられたと思います。

結論

「友達ゼロ」の人の末路は？

何の心配もいらない。友達は無理に作るものではない

解説

世の中には「群れるのが好きなタイプ」と「群れるのが苦手なタイプ」が存在します。インタビューにもあるように、日本は極めて同調圧力（みんなと同じことをしなければならないというプレッシャー）が強い国ですから、自ずと群れるのが得意（好き）な人たちが主流派となり、群れたくない人たちは異端、変わり者と見なされてきました。SNSをはじめ、〝群れるためのツール〟が世代を超えて大流行している今は、その傾向がさらに強まっているのではないでしょうか。

しかし諸富さんの話を聞くと、「だからといって、**群れたくない人が無理に、群れたがる人たちとつるむ選択をする必要はない**」ということがよく分かります。理由は簡単で、これからの厳しい世の中を生き抜いていく上で群れるメリットなどほと

んどないのに、デメリットはたくさんあるからです。

群れるメリット⇓

心を麻痺させ、楽になれる（幻想）

友達の数が増えることで「自分に価値がある」と自信を持てる（根拠なき自信）

群れるデメリット⇓

人間として成長できない（孤独力を磨けない）

同調圧力によるストレスで精神的に追い込まれる

年を取っても自分が何をどう感じていて、何を欲しているのか分からないまま

こうした日本人の〝群れたがり気質〟は、実は経済を活性化していく上でも少なからぬ重石になっています。

1企業当たり年間30万時間——。これが何の数字かお分かりでしょうか。ある大企業で、週1回の経営会議のために、経営陣と全従業員が費やしている〝不必要な

打ち合わせ〟〝ムダな会議〟の合計時間です。

この数字がどれだけ異常かは、世界の先進企業と比較すると一目瞭然です。例えば米グーグル。OBによると、開発部隊でチーム全員が集まる会議は四半期に2回だけ（1回1時間とすれば年8時間）だそうです。日本の大企業社員が、いかに上から下まで「会議」「打ち合わせ」と称して群れること（責任を分散すること）が好きかよく分かると思います。

群れ続けている限り、世界で勝てない

でも、こんなことをしていては、即断即決で勝負をしている海外企業に勝てるはずはありません。日本企業の生産性は、先進国でも屈指の低さで、2014年度の経済協力開発機構（OECD）の調査によれば、日本の労働者1人当たりの生産性は加盟34カ国中21位。主要先進7カ国では最も低い水準に甘んじています。

こうした不名誉な状況を改善するためにも、日本企業の社員には一刻も早く、**いちいち群れずに、一人のプロフェッショナルとして孤独に仕事をする習慣を身に付**

けることが必要なのではないか、と思うのですが、いかがでしょうか。「お昼は部署の仲間で一緒に食事に行く」が不文律（掟）となっているような職場が今なお残る日本企業で、どれだけそれが実現できるかは分かりませんが……。

そうやって考えてみると、諸富さんの言う「周囲と同じことをしなければならない」という同調圧力は、友達作りや仕事に限らず、日本人の人生を生きづらくさせる大きな原因になっていると思えてなりません。もう少し、この問題について考えてみましょう。

子供を作らなかった人の末路

女性のキャリアに詳しいコンサルタントの朝生容子氏に聞く

加速し続ける少子高齢化の影響を少しでも和らげ、国の活力を維持しようと、官民一体となって「子育てに優しい社会作り」に邁進する日本。待機児童ゼロや幼児教育の無償化への努力、不妊治療への支援などの施策を政府が次々に打ち出す一方で、企業も「子育て中の社員が働きやすい環境整備」に余念がない。

ただ、そんな〝子育て至上主義〟が国全体を包み込む中、どこか疎外感のようなものを覚えている人も存在する。様々な事情から、子供を作らなかった（作ることができなかった）人たちだ。「子育ては素晴らしい」「子供がいないのはかわいそう」。そんな社会の空気を感じ取り、「自分の人生は不幸かもしれない」と悩み続ける人も少なくないという。

果たして子供がいない人の末路は本当に不幸なのか。

――ひと昔前に比べれば、随分と多様な生き方を認めるようになった日本社会ですが、「子供がいないのは変」「かわいそう」という風潮は相変わらず根強く残っている、と感じる人も多いようです。

朝生　私は、若い頃の予想に反して、子供のいない人生を歩むことになり、「これからの生き方を考えたい」と思ったことから、フェイスブックページ「子どものいない人生を考える会」を開設し、運営しています。ゆるい運営なのに、予想以上にたくさんの方に読んでいただいていますが、寄せられた声から「幸せは子供がいてこそ」という価値観はいまだに根強い印象を受けます。

子供がいない人は「ダイバーシティの対象外」!?

朝生　時に思いがけない場で、「子供がいるのが当たり前」という価値観に直面することがあります。２０１５年、ある団体が主催する「ダイバーシティ」をテーマにしたシンポジウムに参加したのですが、中身は完全に「子供を持つ女性を応援する会」でした。

主催者の最後の挨拶は「私たちは今後もダイバーシティの精神を推し進め、子供を持つ女性を応援していきます」というものでした。その宣言自体は素晴らしいとは思うものの、「あれ、子供を持たない人は対象外なのか」と、ちょっともやもやした気持ちになりました。「ダイバーシティというのは本来、子供を持つ人も持たない人も、多様性を互いに認め合っていこうという精神なのでは？」と。

——なるほど。

朝生　子供がいない理由は人それぞれです。パターン分けすると大体、次のようになります。子供を作らないと積極的に決めた人たち。欲しくないわけではなかったが、結果として授からなかった人たち。子供が欲しくて不妊治療などの努力を尽くしたにもかかわらずできなかった人たちです。私は2番目と3番目のミックスですね。

最後のグループの人の中には、治療の止め時に悩む人も少なくありません。医療技術の発達が、その悩みに拍車をかけます。不妊治療がなかなか成功せず、もう止めようと思っても、義理のお母さんに新しい方法を試したらと言われ続け、悩んでいる女性もいました。夫婦の問題なのに、女性側にそのプレッシャーがより強くなる傾向も見られます。

——そうかもしれません。

朝生　一方で、周囲から「なぜ子供を作らないの？」とあまりに言われるので、積極的に子供のいない人生を選んだにもかかわらず、「不妊治療したけどダメだった」ということにしている女性もいると聞きます。「私はかわいそうな人間です」というふりをすれば、周囲の〝追及〟も和らぐとのこと。

――今の雰囲気の中、「主体的に子供を作らなかった理由」などを語ろうものなら、そうでない人と議論になったり、説教されたりしそうですもんね。

朝生　子供を持つことへの意識は、女性の社会進出の進捗にも影響を受けています。男女雇用機会均等法（1986年施行）以前の世代は、出産後は退職して子育てに専念するのが一般的でした。育児休職が企業に定着し始めてから働き始めた若い世代では、「仕事と子育ての両立は当たり前」になりつつあります。

両者の中間に位置する均等法世代やその少し下の世代は、日本で初めて企業で活躍する女性像が喧伝された一方で、まだ育休が普及していなかったこともあり、仕事と子育ての選択に悩む人も多かったようです。その結果、「子供のない人生」を選択した人もいるわけですが、ほかの世代と比べて過渡期特有の肩身の狭さを感じることも多かったかもしれません。

育休社員の職場での赤ちゃんお披露目に落ち込む

――義理の母親からは孫の出産を切望され、後輩からは「なぜ子供を作らないの？」と不思議そうな眼で見られる、といったイメージですか。子供がいない女性の中には、育休中の女性社員が職場に赤ちゃんを連れてくるたびに、肩身が狭い思いをしているという人もいると聞きますが。

朝生　その辺りはお互い様だし、個人の受け止め方次第なのでは。子供がいない人が、子供がいる女性に、知らず知らずの内にプレッシャーを与えたり、傷つけたりすることもあると思います。私は不妊治療中に、子育てのために仕事を辞めた人から「あなたは恵まれているわね、好きなことができて」と言われ、ちょっとむっとしました。

一方で、会社員時代、子供を保育園に迎えに行かねばならない社員に、夕方のミーティングを持ちかけてしまったこともありました。その時、うっかり「ああ、Aさんがいるから夕方の会議はダメだったわね」と言ってしまった。他意はなかったにしろ、言われた相手は「自分が迷惑をかけている」という気持ちになったかもしれません。

——確かに。

朝生　子供を持つ人も持たない人も、お互いに「羨ましいな」とか「大変そうだな」と思うこともあるし、お互いに「自分の人生はこれでいいのか」と不安にも思う。でも人間はそれぞれの人生を引き受けて生きていくしかない。お互いの生き方を対立構造で語っても不毛です。

——ただ、お話を聞く限り、前者には世間という味方がついていますが、後者にはそれはありません。子供を持つ人は、悩んでも「これが当たり前」「世間もそう言っている」と自分を納得させられるかもしれない。でも、子供がいない人はそうはいかない。「子供がいないのは不幸」という価値観の中で、いつまでも自分の人生を肯定できない状態になりかねません。ここで、本題です。果たして子供がいない人生は本当に不幸で、悲惨な末路が待ち受けているのでしょうか。

子供の有無で人生の幸福度は変わらない

朝生　米国のものですが、「子供の有無で幸福度に差はない」という調査結果があります。

プリンストン大学とストーニーブルック大学の研究チームが、「子供のいる夫婦といない夫婦の幸福度はどちらが高いか」について研究したもので、2008〜2012年に米ギャラップ社実施の約180万人を対象とした調査を基にしています。さらに、英国オープン大学が約5000人を対象に実施した調査では、夫婦関係の満足度は、子供がいない夫婦の方が、子供がいる夫婦よりも高い結果になったとのことです。

――場合によっては、むしろ子供がいない方がいい、と。「子はかすがい」のはずなのに、なぜそんなことに。

朝生 プリンストン大学では、子供を持つ夫婦の方が浮き沈みを経験しがちだからと分析しています。つまり楽しいこともあるけど、辛いことも多い、と。

――それって、子供というものは結局、親の思い通りには育たないからではないですか。最新の発達心理学などでは、「子供がどんな人格に育ち、どんな才能を育むかは、『遺伝』と『幼少期からの友人関係』で決まり、子育て自体は意味がない」という見方もある、と聞きます。だとすれば、「理想の教育」を生き甲斐にしている人は、逆に子育てが強烈なストレスになりかねません。

朝生 そうかもしれません。自分の期待に対する子供の達成度合いで幸せかどうかが決まるとすれば、子供の育ち方によって幸福感の振幅は大きくなるでしょうね。

――さらに言えば、「子供がいれば幸せ」という前提に疑問を持たざるを得ないような親子間のトラブルや事件が、最近とても多くないですか。あの種のニュースを聞いていると、必ずしも「子供がいる人＝幸せ」「子供がいない人＝不幸」と決めつけられない気がしてならないんですが。

朝生　親子の事情は他人には分からないので推測ですが、世の中に流布されている「幸せな親子像」や、「子供がいないと不幸」ととらえる価値観と、根っこはつながっているように思います。世間で言う「幸せな親子像」と比べて、子供がいても思うように育たなかったりすると、「なぜ自分は違うのか？」と思い、ストレスや怒りとなってしまうのではないでしょうか。

いずれにせよ、子供がいないからといって不幸というわけではありません。自分の最期を誰が看取るのかといった老後への不安は、子供のいる人に比べて強いかもしれない。でも、それは解決可能な問題だと私は思っています。

――全体の一部でありますが、世間にはびこる〝子なしバッシング〟の中には、「子供がいない人は、社会の未来作りに参加していない」という主張もあります。「理由はどうあろうと、あなたたちは未来の納税者作りに貢献していない。けしからん」と。現実に一生懸命子育てをしている人にこう言われてしまえば何も言えなくなってしまう、という人もいるようですが。

未来への貢献は「子育て」以外でも可能

朝生　未来への貢献は、必ずしも自分の子供を育てることに限りません。仕事を通じて若い人を育てる、若い人に夢や希望を与える、子供を持つ人の子育てに協力する……。そういう形でも十分、貢献できます。

――確かに、その通りかもしれません。なるほど、分かりました。ただ、私たちがこうして議論するだけでは、まだ納得できない人たちもいるかもしれません。やはりここは、「影響力を持つ人の言葉の力」が必要です。となると、大反響を呼んだ例の、講談社が発行するライフスタイル情報誌『FRaU』2016年3月号の女優・山口智子さんのインタビューを引用させていただかないわけには参りません。

朝生　潔いですよね。よく発言されたな、と思います。

――それでは、一部を引用させていただきます。どうぞ。

「私はずっと、子供を産んで育てる人生ではない、別の人生を望んでいました。今でも、一片の後悔もないです。人それぞれ、いろんな選択があっていいはず。もちろん、子供を持って初めてわかる感動もあると思います。実際に産んでみないとわからないことだと思うけれど。でも私は、自分の選択に微塵の後悔もないです。夫としっかり向き合って、二人の関係を築いていく人生は、本当に幸せです」（『ＦＲａＵ』２０１６年３月号）

朝生　一片の後悔もない、ですからね。

――この言葉で、どれほど多くの人が勇気付けられたことでしょう。

朝生　子供のいないことに悩んでいる人にとって救いの言葉になったと思いますし、子供がいるのが当たり前という価値観に対して、一石を投じたと思います。

結論

子供を作らなかった人の末路は？

人生は人それぞれ。「子供がいない幸せ」を楽しめばよし

解説

少子高齢化が進む中、子供を生み育てることが国民的課題となっています。それはそれで結構なことなのですが、同調圧力の強い日本では、ひとたび一つの国民的合意が形成されると、往々にして「それに従わない者はおかしい」という空気まで醸成されがちです。辛い思いをしながら不妊治療を続けても実を結ばない人に対する親戚からのプレッシャーや、同僚からの心ないひと言は、その現れでしょう。

社会や企業におけるダイバーシティの重要性が喧伝されていますが、本当に〝みんな〟が生きやすく働きやすい社会を作るなら、**子供がいる人も、いない人も心地よく暮らせる生活・職場環境を目指す**必要があるはずです。そのためには少なくとも、「幸せは子供がいてこそ」という価値観の押し付けなどあってはいけない、と思

います。

そもそも、インタビューにもある通り、「子供がいない人生＝不幸で悲惨」というのは、明らかに事実と反しています。語弊を恐れずに言えば、「子供がいないから味わえる幸せ」「子供がいないから可能な社会貢献」だってあります。

「子供がいない幸せ」の最たるものは、自分自身の人生の自由度が大きく広がることです。

自分の人生を自由に設計できる贅沢

会社生活に疲れて、45歳で早期退職を決断する場合、いくらの資産が必要なのか、私が所属する「日経ビジネス」で2012年に試算したことがあります。結果は、〝根性〟を出せば約5300万円で90歳までの45年間を暮らしていける、でした（夫婦2人で暮らすことを想定し、インフレや増税を考慮せず、平均的年金が支給されると仮定）。

ここで言う〝根性〟というのは、次のような意味です。

総務省の家計調査によると、世帯人数2人の場合、1カ月の平均消費支出は約25万円かかります（2011年平均）。単純にそれを合計すると年金が無事支給されても45年で必要額は8000万円弱になってしまいますが、25万円から「家具・家事用品」「被服及び履物」「自動車等関係費」「教育費」「教養娯楽費」「交際費」「たばこ」「理美容サービス」をカットすれば、5300万円まで下がります（家賃は全国平均5万7738円で計算、全国賃貸管理ビジネス協会調べ、2部屋）。

あくまで机上の計算ではあるものの、賃貸派で住宅ローンもなく、クルマに乗らず、ムダ遣いをしないなら、5000万円もあれば自分の人生は何とかなる、という見方も成り立つわけです。

そうやって自分の人生が経済的に自立すれば、他者に気を配る余裕も出てきます。事業や趣味で後進を育てるもよし、困っている人を助けるもよし、その気になればどんな社会貢献だって可能です。

しかし、子供がいるとそうはいきません。現在、子供1人を大学まで通わせると、教育費の総額は公立コースで約1000万円、すべて私立なら約2300万円に達します（文系の場合、文部科学省「子どもの学習費調査（2010年度）」・日本政策金融公庫「教育費負担の実態調査結果（２０１１年度）」）。就学前の子供が２人いて、私立ルートで大学まで行かせれば、45歳から90歳まで、どんなに節約しても1億円近い資産が必要になる。自分の家族のことだけでいっぱいいっぱいのまま、一生を終えてしまう可能性だって少なくありません。

どちらの人生が有意義か。そこはまさに、山口智子さんの言う通り、「**人それぞれ、いろんな選択があっていいはず**」です。

実は教育費は今、子供を持つ家庭にとって、想像以上に大きな負担になっています。続いて展望するのは、分不相応な教育費を支出し続ける家庭の末路です。

教育費貧乏な家庭の末路

教育投資に詳しいファイナンシャルプランナーの小屋洋一氏に聞く

子供の将来を考え、塾や習い事に通わせたいと思うのは、親として当たり前のことだ。ただ最近はそれがエスカレートし、家計が中長期的に破綻しかねないレベルまで教育費が膨らむ家庭が増えている。

世帯年収1300万円で、娘をバイリンガルの幼稚園に通わせる。そんな人も羨むセレブ家庭でも、場合によっては、20年後、夫婦そろって路頭に迷う可能性があるという。

〝教育費破産〟の恐ろしい点は、子供の小さい間はその予兆に気づきにくいこと。子供が大学受験を迎える時期から家計が本格的に圧迫され始め、親の役職定年を経て一気に顕在化する。もともと余分なお金がない平均的家庭より、年収1000万円程度の〝小金持ち〟の方が陥りやすいという教育費破産の罠。その現状と対策を専門家に取材した。

――具体的にどのような家庭が、教育費によって危機に瀕しているのでしょう。

小屋　例えばこんなケースがあります。ご主人、奥さんともに38歳で、4歳になる娘さんが1人います。ご主人は外資系企業の社員で年収は約1000万円、奥さんもお勤めで約300万円の年収があります。

セレブ家庭が20年で自己破産の危機に

――世帯年収1300万円。手取りで1000万円弱といったところですか。なかなかのセレブじゃないですか。

小屋　ところが、現在の支出状況からこの家庭の将来資産をシミュレーションすると、娘さんが大学受験の準備を始める時期から急速に預金残高が減り始め、世帯収入もご主人が役職定年を迎える50代後半から大きく落ち込みます。

その結果、ご夫婦が60歳になった時点で預金残高はマイナスに転落します。その後、夫婦の年金が想定通り支給されても、借金は毎年膨らみ続けて、65歳で1000万円、70歳の時点では3000万円を突破してしまいます。

――まるで借金で借金を返済する、多重債務者状態じゃないですか。

小屋　こうなると、資産を切り売りして細々と食いつないでいくしかなくなってしまいます。

――年収1300万円の一家がわずか二十数年後に、そんな状況になるとは、にわかには信じられないんですが。

小屋　最大の原因は、娘さんに対する高額の教育費にあります。このご夫婦は、娘さんの教育に極めて熱心で、バイリンガルの幼稚園に通わせており、月額14万円、年間約170万円の保育料を支払っています。小中高も私立に通わせ、大学では留学も経験させる計画です。それらの費用を塾代などまで含めて計算すると、教育費は総額で4000万円を超えることが分かりました。夫婦は2人とも英語が堪能で、奥さんも以前は外資系にお勤めでした。2人とも「娘が大人になる頃はさらにグローバル化が進み、異文化の人たちと対等に渡り合える力が生きる上で欠かせない。だから、英語も留学も絶対に必要だ」と考えているわけです。

――それはそうでしょうけど、その代償として自分たちが70歳過ぎて「住所不定無職」になれば本末転倒でしょうに。

小屋　本来、これだけ高額の教育プランを立てるなら、子供の教育費が本格的に上昇する高校入学前までに、相応の預金を貯めておかねばなりません。でもこの家庭は、教育費以外の支出も多く、貯蓄があまり増えない構造になっていました。

――確かにシミュレーションを見ると、娘さんが16歳を迎える時期の貯蓄額が2000万円弱ですか。ご夫婦はその時50歳代前半。年収、年齢の割には少ないようにも思えます。貯金額はそこがピークで、後はどんどん減っていきますね。

小屋　その頃から、教育費の支出が本格的に増えますから、致し方ありません。

当事者に分不相応の投資をしている自覚なし

――「乾坤一擲の教育投資を注ぎ込んだ子供が将来成功して、家賃から小遣いまで一切合財、面倒を見てくれる」という一発逆転の展開もあるんでしょうが、それにしてもリスクの高いプランに思えます。当然、ご夫婦自身にも、自分たちがかなり分不相応な教育費をこれから支出しようとしているという自覚はある？

小屋　いえ、強い危機感はないようでした。教育費が将来的に家計をどう圧迫するか中長期的なライフプランを立てたことがなく、「もともと子供は2人欲しかったが、結果として1人になったので、ほかの家庭より2倍の教育費を投じても大丈夫だろう」、とのお考えでした。

――今はシミュレーションを基に、教育費をはじめとする消費行動を見直した、と。

小屋　いいえ、今のところ具体的な行動には移されていないようです。

――破産することが分かっているのに⁉

小屋　子供の教育費が本格的に上昇するのは高校からで、小さい頃は自分たちの教育費投資が分不相応であると実感しにくい部分もあるんです。

――確かに試算を見ても、子供が16歳になるまでは預金残高も順調に増えています。〝教育費破産〟の恐ろしい点は、子供が小さい間はその予兆に気づきにくいこと、というわけですか。こんな家庭がほかにも増えているんですか。

小屋　明らかに増えています。理由は簡単で、先ほどのご夫婦同様、子供の教育費について「いつ、いくらくらいかかるのか」というイメージを持っていない人が少なくないからです。

文部科学省が公開しているデータなどから試算すると、幼稚園から高校まですべて公立に通わせると平均で約550万円ですが、幼稚園から高校まですべて私立だと約1600万円必要です。

――高校までで1人1600万円ですか……。

〝普通の進路〟でも3人兄弟で総額4500万円

小屋　これに大学が加わります。国公立の場合、年間130万～150万円なのに対して、私立の場合は200万円ほどかかります。これは、自宅以外から通勤した場合で、生活費も含んでの平均値です。こうした数字を足し合わせると、幼稚園から大学まですべて私立に通った場合、1600万円＋（200万円×4年分）で合計2400万円の教育費が発生することになります。

――もう少し一般的なパターンで、中学まで公立で高校から私立だとどうなりますか。

小屋　約1490万円です。これはあくまで一人っ子の話で、子供が3人いれば、当然、冒頭の事例同様、単純計算で4000万円を突破します。

――つまり、バイリンガルだの何だのと言い出さず、ごく一般的な進路を選ばせたとしても、子供の数次第では、結局、教育費破産する家庭が出かねないというわけですか。

小屋　試算上はそうなります。

――ならば、もう無理をせず、ずっと公立というわけにはいかないんでしょうか。

小屋　個人的な意見を言えば、それでも問題ないと思います。確かに今の日本では、高等教育が非常に費用対効果の高い「投資」であるのは事実です。大卒男子と高卒男子を比較すれば、概算で生涯賃金は約7000万円、女子だと約1億円の差が開きます。だから子供を大学に進学させようとすること自体は合理的な選択です。

――ですが、そこまでの進路は公立であろうと私立であろうと、大きな問題はない？

小屋　子供の成長に最も影響を与えるのは結局、学校や塾ではなく、親の姿勢です。教育の大半は家でやるべきことなんです。親が子供ときちんと向き合い、人生に大切なものをしっかりと教えれば、公立でも私立でも子供は立派に育ちます。

学習意欲にしても、親自身がプロフェッショナルとして日々勉強を重ねる姿を家で見せていれば、子供も自然と勉強に興味を持つようになるはずです。

――なるほど。

小屋　ただ、ここからがポイントなのですが、教育費過多の家庭の親御さんの中には、

「私立と公立では教育の質が違う」と考える方も多い。「私立の方が公立よりも、より教育の本質に近いものを学べる」という考えを持っています。

そうした考え方には一理あると、私も思っています。そもそも公立教育は戦後、優秀な工業労働者を育てることを目的に設計されたものです。時間と規律を守り、上からの指示を守り、周りと同じ行動を優先し、余計なことは考えない。「そんな人間に自分の子供をしたくない」という思いで私立に通わせたがる親御さんがいるのは事実です。

「公立でもいいよね」と子供に言えない理由

――子供をいじめに遭わせたくないから公立ではなく私立に通わせたいという親も多いと聞きます。

小屋　とりわけ中学までを比較した場合、公立と私立の大きな違いは、私立はその教育方針に従わない〝危険分子〟を退学という形で排除することができるが、公立は義務教育であるためにそれができないという点です。

――クラスの中に手が付けられない問題児がいた場合、私立は予防策が打てるが、公立は事が起きるまで抱え込むしかない事態に陥る可能性がある、と。

小屋　私立に行けば子供が立派になる、いじめに遭わずに済む、というのは安易な考えだとは思います。でも子供の教育のためと考えて、できれば私立に通わせたいと思う親御さんの気持ちも、また理解はできます。

――うーん、だとすれば、子供に高額の教育プランを組みたいが、そのままでは己が老後、路頭に迷いかねない親たちはどうすればいいのでしょう。

小屋　「教育費がかさんでしまって、自分たちの老後の資金が足りなくなるかもしれない」。そんな家庭が打てる手は大別すると、3つしかありません。1つは、転職などで現在の収入を上げる、もう1つが運用によって資産を増やす、最後が教育プランなどを見直して支出水準を下げる、です。

――収入増加や資産運用に比べれば、最後の支出見直しが最も確実な手に思えます。が、例えば、小学校までを私立で過ごした子が、急に地元の中学へ通うとなると、カルチャーショックを受けてしまう恐れはありませんか。

小屋　もしも、お金の問題で子供の進路を変更せざるを得ない場合には、なるべく早い時期の方がいいし、子供に対して選択肢を提示してあげるべきです。そして必ず子供の同意を得て実行すべきです。

家計の実態を正直に話して、子供に現実を理解させ、その上で奨学金の貸与を受けて、将来自分で返済する方法や、あるいは子供がアルバイトをしてでも今の進路を続けたいと言えば、そのような手段を支持してあげるべきです。

大学の費用を子供自身に負担させてもいい。現実に、日本でも奨学金をもらっている学生の比率は、既に大学の学部生でも50％を超えています。半額でも自分で学費を負担するようになれば、多くの学生が今よりずっと真剣に大学での勉強に取り組むようにもなるでしょう。

――なるほど。

結論

教育費貧乏な家庭の末路は？

〝高齢破産〟の可能性大。至急、教育計画の見直しを

解説

インタビューに登場する教育費過多のセレブ家庭の話を読み、「なぜ、そこまでするのだろう」と不思議に思った人も多いのではないでしょうか。

ご主人は外資系企業の社員で年収1000万円、奥さんも元外資系にお勤めで、聡明なご夫婦に見受けられます。おそらくITスキルも高く、エクセルを使って、現在の出費と収入の状況から、将来の資産状況を推計することなど朝飯前のはず。

終身雇用・年功序列の崩壊などで今後、自分たちの収入が伸びにくい日本経済の現実も理解されているでしょう。にもかかわらず、無謀な教育投資で〝高齢破産〟に突き進んでいるのは、なぜなのか。

本当に娘さんのことを考えるなら、**「自分たちが将来破産してもいいから、子供をグローバル人材に育てよう」という選択などあり得ない**はずです。破産した年老いた親を日本に着の身着のままで放置して、グローバルで大活躍することなどできるはずはないのですから。

子育てに熱心なあまり、周りの状況がよく見えなくなっている。そんな家庭は、ここへ来て、全国的にも増えているようです。

例えば部活動の過熱化が、各地で進んでいます。文部科学省は、中学で週2日以上、高校で週1日以上を目安にした休養日を設定し、教員の負担も軽減するよう各校に求めていますが、抵抗しているのは、教師でも生徒でもなく、〝子供にスポーツエリートになるよう夢を託した親たち〟なのだそうです。

子供の安全を犠牲にして〝平等〟を求める親

さらに、こうした「子育てに熱心すぎる人々」は、往々にして我が子が競争で負けたり、傷ついたりすることを受け入れられません。そんな親たちの圧力を背景に、全国の教育現場で蔓延しているのが「過剰な平等主義」です。「徒競走ではゴール前で全員が手をつないでゴールイン」「学芸会では全員が主役の桃太郎」……。ゆとり教育の導入に伴う教育現場の極端な平等主義はかねてから指摘されていましたが、最近の〝病状〟はさらに進んでいるようです。

例えば、皆さんは多数のけが人を出しながら、全国の学校で組み体操（ピラミッド）がどんどん高層化している本当の理由をご存知ですか。学校関係者に聞けば、

「生徒の達成感を高めるため」「協調性を育むため」といった答えが返ってきますが、専門家は「平等化への配慮がある」と指摘します。

ピラミッドが低ければ参加人数は限られます。校庭に大量のピラミッドを作るわけにはいきませんから、余った生徒は「扇」などの引き立て役に回らざるを得ません。これを一部の親たちが容認しないのです。問題を解決するには、子供の安全を犠牲にしてピラミッドを高層化していく（大量の人数がピラミッドに参加できるようにする）以外にありません。

子育てに熱心なこと自体は結構なことですが、度が過ぎるとなれば話は別、というわけです。

「教育費貧乏な家庭」に話を戻せば、本当に子供の将来を考えるなら、親の〝高齢破産〟で子供に迷惑をかけないためにも教育計画の見直しが必要です。親が子供ときちんと向き合い、人生に大切なものをしっかり教えれば、教育に大金をかけなくても、子供は立派に育つ。まさに小屋さんの言う通りだと思います。

賃貸派の末路

不動産投資に詳しいコンサルタントの石川貴康氏に聞く

家を買うべきか、借り続けるべきかは、若手社員にとって永遠の命題だ。仕事のことならともかく、こと持ち家問題に関しては、先輩に相談しても明快な答えは得られない。

既に自宅を購入した〝持ち家派〟は、「家賃を払い続けても賃貸住宅は未来永劫、他人のもの。同じくらいの金額ならローンを払って自分の資産にした方がいい」と主張する。一方、〝賃貸派〟は「先が見えない中でローンを組むなんてとんでもない」と持ち家戦略のリスクをあおる。両者の主張は平行線をたどるばかりで、永遠に決着が付きそうにない。

だがそんな中、「サラリーマンは自宅を買ってはいけない」と明快に主張するコンサルタント・不動産投資家がいる。その根拠と、賃貸派のアキレス腱である老後の暮らしについて対策を聞いた。

――著書『サラリーマンは自宅を買うな』（東洋経済新報社）で、会社員がローンを組んで自宅を所有するリスクを主張されています。今ここに、まさに自宅を買おうとしている会社員がいたら、どう説得を試みますか。

石川　まず、「今後35年間、本当に今以上の給料をもらい続けられると思っているのですか」と質問します。解雇されなくても健康を害して働けなくなるかもしれないし、雇用は維持されても給料が下がってローンを払いきれなくなるかもしれません。

ああ言えばこう言う持ち家派は、こう論破

――家を買うと一度決心した持ち家派は、その程度では考えを曲げないのでは。「そうなったら売ればいい」と言うと思います。

石川　不動産神話が続いていた時代ならともかく、市況がどんどん下がっている現状では、古くなった家はたとえ売れても残債が出る確率が極めて高い。そうなれば、自宅を売って、再び賃貸に移った後もローンを払い続けなければなりません。家賃と残債の支払いで生活は確実に困窮します。ノンリコースローン（非遡及型融資）が普及している海外

ならば、ローンが払えなくなれば不動産を取り上げられるだけですが、日本ではそうはいきません。

――持ち家派は「そこまで事態が悪化するのはレアケース。仮にそんな状況になったら賃貸でも悲惨な状況は変わらない」と言うと思います。

石川　いえいえ。賃貸派であればより安い物件に引っ越せばいいし、家賃とローンの残債を二重払いするような事態には陥りません。それに、自宅のローンによる生活の困窮は、失業した人のみならず、年収１０００万円以上をリアルタイムで稼いでいる世帯にまで広がっています。日本経済の停滞によって、ローンを契約した当時に期待したほど、その後の収入が増えていない、あるいはむしろ収入が落ちているからです。

例えばこんなケースがあります。ある一部上場企業の社員が都内23区内にマンションを購入しました。子供が２人いて40代後半の方ですが、収入が減る中、学費と住宅ローンに追われ、完全に貯金を取り崩す状態に陥っています。これから２人の子供が高校、大学と進学すれば、ローンが滞る事態になりかねない。解雇もされず、普通に働いている大企業の社員でさえ、そんな状況なのです。

――お話を聞いていると、問題なのは持ち家を買うことではなく、ローンを組むことのように思えてきます。

石川　ある程度のまとまった資産があって、一括で持ち家を買うというのであれば、それはそれで一つの考え方だと思います。

持ち家のローン買いは、一か八かの大勝負

——世の中に出ている「持ち家vs.賃貸派の損得論議」をここでおさらいすると、例えば、5000万円が手元にあるAさんとBさんがいて、Aさんがそれで持ち家を買い、Bさんが有価証券を買った場合、この段階ではどちらが得でどちらが損ということはありません。仮に不動産と有価証券の最終的な投資利回りが同じ5%だとすれば、Aさんは持ち家から帰属家賃という形で年間250万円、Bさんは有価証券の配当という形でやはり年間250万円の利益をそれぞれ得る、と。

石川　Aさんが手にする帰属家賃は、自分で自分に払う仮想のものですから厳密に2人の投資行動が同じというのは違うと思いますが、まあ考え方としてはそれでいいと思います。

——でも、分不相応なローンを組んで買うとなると話が変わってくる。

石川　無理なローンを組んで家を買うというのは、高いレバレッジを掛けて、投資商品を購入するのと同じ行動なんです。

――先ほどの例で言えば、手元に1000万円しかないのに、借金して5000万円の投資をしているようなものだ、と。FXとかデリバティブ系の投資商品とか、5倍のレバレッジを掛けられる金融商品はあるでしょうけど、一般の会社員の家庭が、爪に火を点す思いで貯めた1000万円を元手にそんなことをするとは思えません。

石川　ところが、こと持ち家を買う局面では皆、あっさりとその大胆な選択ができてしまう。ハイリスクな選択ですから、当然、当初の想定が維持できなくなると様々な問題が顕在化します。それは、ローンが払い切れなくなることだけではありません。持ち家を買うということは、そこから逃げられなくなることを意味します。怖いのは購入した後の環境の変化です。

――やばい人が隣に引っ越してくるとか。

石川　それ以上に深刻なのは災害でしょう。福島第一原子力発電所の事故では、少なからぬ住民が自宅の放棄を余儀なくされました。しかし私の知る限り、損害保険では「核災害」による損害は免責です。その結果、多くの方が事実上住めなくなった家のローンを払い続けながら、新しい家のローンも払う二重ローンの状態に陥った可能性があります。

——なるほど。

人生の可能性を狭める持ち家のローン買い

石川　それに無理をして持ち家を購入する行為は、人生のリスクを高めるだけではなく、可能性を狭めてしまいます。住まいに関する価値観は、人生のライフステージとともに移り変わります。持ち家を買うと、その価値観の変化に伴って住まいを変えることが、なかなかできません。

例えば私は若い頃、東京の荻窪に住んでいて、周囲の環境がとても気に入っていました。ところが結婚して子供ができると、「路地裏で子供が遊んでいる街」で子育てをしたいと強く思うようになり、根津に引っ越しました。もし私が荻窪で持ち家を買っていたら、そんなことはできません。単純に、自分が「こう生きたい」と思う生き方をできないのは、人生を送る上で大きなストレスになります。

家族が病気になったり、親の介護が必要になったりした時も、賃貸なら比較的柔軟に生活環境を変更できます。子供のアトピーの転地療養のために家族で郊外に移り住むことも、体が弱った親の近くに戻ることも可能です。ある日、一念発起して海外で働きたい、ＭＢＡ（経営学修士）を取りに行きたいと決心した時、賃貸ならより迷いなく飛び立つことができます。会社員にとっては、賃貸戦略こそ人生のチャンスを最大限に生かせる選択なんです。

――でも、少なからぬ人は、今も持ち家に憧れ、無理をしてもローンを組もうとします。なぜなんでしょう。

石川　経済合理性とは別の理由があるのだと思います。例えば、子供を育てる上で〝故郷〟を作ってあげたいと考え、持ち家を求める親御さんがいます。これはこれで一つの考えです。そのほか、「自宅を持って初めて人間として一人前」と考える人もいます。これもまた個人の価値観ですから、その強い意志に基づいて持ち家を買うというのであれば、周囲がとやかく口を出す問題ではありません。

――分かりました。持ち家派vs.賃貸派の議論は今後も続いていくと思われますが、賃貸派にとっては心強い話になったと思います。ただ、賃貸派が今後も賃貸戦略を貫く上でどうしても避けて通れない問題もあります。賃貸派は老後の住まいをどうするか、です。

石川　借り続ければいいのではないですか。

――でも、「年を取って無職になると、賃貸住宅が借りにくい」って言われていますよね。

「高齢者は家を借りられない」はウソ

石川　確かによく聞きます。でも、私はその手の話を聞くたびに、一体、何十年前の話をしているんだと思っています。少なくとも今は、「高齢だから」という理由で貸したがらない大家は少数派だと思います。少子高齢化が進む中、そんな理由で部屋を貸さなければ、大家だって商売が立ち行かなくなります。実際、月々の家賃を払えるキャッシュフローがあれば、それが年金であろうと生活保護であろうと、貸そうとする大家はたくさんいますよ。年齢や社会的地位は関係ありません。大事なのはキャッシュフローです。後は問題を起こさない人であれば、多くの大家は大歓迎なはずです。

――キャッシュフローですか。キャッシュフローなしだと家は貸してもらえませんかね。

石川　キャッシュフローなしにどうやって月々の家賃を払うのですか。

――こういう場合はどうなりますか。「もうあんまり働きたくない。年金受給には少し間があるが、早めに引退して、蓄えを取り崩しながら、読書したり散歩したりして、ストレスフリーな毎日を送ろう」。こんな考えの40〜50代もいると思うんです。そういう場合、当然、年金もキャッシュフローもないわけで、どうすればいいんでしょう。貯金通帳を見せればいい？　それとも6カ月分の家賃を前払いするとか。

石川　そんなことをすれば逆に怪しいですよ。まあ不動産賃貸は一つ一つが交渉事ですから、不動産屋さんに事情を話すしかないでしょう。でも資産がいくらあろうと、年齢にかかわらず、キャッシュフローが入る仕組みは持っておいた方がいい。資産の絶対額にかかわらず、貯金残高が目減りしていくプレッシャーには普通の人は耐えられません。それに人生は、いつどこで急な出費が発生するか分からない。

――仮にキャッシュフローが必要だとして、それは不労所得でもいいんですか。

石川　それは問題ないはずです。

「終の棲家」なんてもはや幻想

――分かりました。賃貸派のアキレス腱と思える「老後、引退後も家が借りられるか」についても、キャッシュフローさえあれば心配はいらない、というわけですね。だとすれば、もう「最後まで仮住まい」で全然いいじゃないですか。気楽だし、人生の節目節目で最適な居住環境を選べばいい。「終の棲家」がないのは少し寂しい気もしますが。

石川　「終の棲家」と言っても、最近は自宅で最期を迎えられる人は少ないですよ。医学の発達で、体の自由が利かなくなっても〝生かされる〟社会です。家族に面倒を見てもらう、自宅に定期的にヘルパーさんに来てもらう、と言っても限界があります。自分だけでは食事にも手をかけられなくなり、買い物もできなくなり、不安が増していくかもしれません。そうなると最後は多くの人が高齢者住宅や施設に行かざるを得ません。その意味では、賃貸派であろうと持ち家派であろうと結局、最後は人間皆、同じとも言えます。

結論

賃貸派の末路は？

むしろ「持ち家派」より、人生の自由度が増す

解説

2000年代以降、業績が伸び悩む中で「リスク回避主義」が蔓延した結果、開発現場が保守化し、日本企業から「世界に先駆けて新しいものを生み出す力」が削がれた、と1章の「宝くじで1億円当たった人の末路」で書きました。そんな日本人のリスク回避志向が強まっているのは、研究開発現場だけではありません。例えば、日本の個人金融資産総額の半分はいまだに現預金だと指摘されていますし、若者は内向き志向で海外留学者数は減っているとも言われます（〝怪しい海外留学〟による「学歴ロンダリング」はその限りではなく、これは3章で後述します）。

しかし、そんな臆病な日本人が昔から、リスクを度外視して果敢に行動する分野があります。一つは宝くじ、もう一つがローンによる持ち家購入です。

専門家へのインタビューにもあるように、今の日本で、住宅をローンで購入するリスクは枚挙に暇がありません。

ローンで持ち家を買うリスク⇓

ローン破産　災害　やばい人が引っ越してくる　人生の自由度低下……

このうち、石川さんは「ローン破産」と「災害」の怖さを強調していますが、私個人はこれからの時代、格差・孤独社会などを背景に、確実に増加傾向にある「危険な隣人」の固定化こそ、持ち家の最大のリスクだと考えます。

２０１５年11月、千葉県館山市である殺人事件が起きました。加害者は76歳の男性で、被害者は隣人の73歳の男性でしたが、公判では、地域住民など１０００人以上から加害者の減刑を求める嘆願書が提出されました。

地元メディアによると、加害者は被害者との隣人トラブルに20年以上、悩まされてきました。被害者は「生活排水が流れ込んでくる」とクレームをつけて金銭を要求し、毎日のようにカマを手に脅迫。加害者が施錠し、カーテンを閉めていると、「田舎のくせに鍵をかけやがって」と怒鳴り散らし、いたずら電話も後を絶ちませんでした。被害者の迷惑行為は近隣一帯に及んでおり、公判で加害者は「これ以上、周りのみんなに迷惑をかけさせないようにしたい」と、殺害行為に及んだ動機を打ち明けています（判決は懲役9年）。

深刻なご近所トラブルが連日のように起こる今の日本で、「自分の隣にだけは危ない人が絶対に引っ越してこない」などと、どうして言い切れますか？

団塊、バブル世代が信奉した〝古い常識〟を見直せ

多くの人がこれまで、無理をしてローンを組み、持ち家を買い求めてきた最大の理由は、土地の価格が右肩上がりで、若い頃に無理をしてでも購入しておけば、確実な資産形成になったからです。

そんな土地神話が崩壊した今、**多大なリスクを抱えて庶民が持ち家を持つ選択をする必要性はほとんどない**ように思えます。「自宅を持って初めて一人前」といった旧態依然とした価値観はこの先、どんどんナンセンスになっていくでしょう。

持ち家論に限らず、**日本は今、それまで多くの人が信じてきた様々な常識を見直すべき時期に来ている**のかもしれません。ビジネスの進め方然り、進路選択然り。

賃貸派の最大の不安は「高齢になって引っ越そうとすると家を貸してもらえない」というものでした。それが石川さんの言う通り杞憂であるのなら、賃貸派として生きていく上でのデメリットは、もうほとんどない気がします。

第3章

逃げた人の末路

自分を探し続けた人（バックパッカー）の末路

元バックパッカーのヴィジョナリー・カンパニー大塚和彦社長に聞く

自らの足で世界を旅し、その目で世界を見ながら、本当の自分とは何かを探し求める。若い頃、そんなバックパッカー生活に憧れた人はごまんといるはず。とはいえ、それを実行できた人はどのくらいいるだろうか。

学生時代に短期間の一人旅をする程度であれば、その気になれば誰でもできる。が、長期間、放浪生活を続けるのは覚悟が必要だ。最大の不安は帰国後の生活設計。日本企業の多くは、新卒中心の採用を続けており、職歴に空白がある人材の採用に消極的な会社も少なくない。悩んだ揚げ句、リスクを恐れて普通に就職し、釈然としない気持ちを抱えて年を重ねている人もいるはずだ。

だが本当に、自分を探し続けた人（バックパッカー）の末路は悲惨なのだろうか。元筋金入りのバックパッカーに話を聞いた。

――まずはご自身の半生を振り返っていただきたいんですが、大学を卒業された後、一度は普通に就職されているんですね。

大塚　ええ。経営コンサルティング会社に入社し、2年11カ月在籍しました。

――筋金入りのバックパッカーと聞くと、学生時代から旅にはまり、就職活動もせずに放浪を続けるみたいなイメージがありましたが。

大塚　自分は違います。学生時代は、体育会でキックボクシングをやっていて、バックパッカーなんて関心がありませんでした。

――では、バックパッカーになったきっかけは何だったんですか。

大塚　入社3年目に、有給休暇を取って出かけた中国への一人旅です。上海と南京を往復したんですが、最終日に上海のドミトリーで、ある経験をします。同じ宿に40代と20代の日本人バックパッカーが泊まっていて、話をしているわけです。20代の方が「パキスタンからイランに抜けるにはどうすればいいのか」なんて質問して、それに40代が答えていたんですが、もう自分の知らない、いろいろな話が飛び交う。40代の方はキラキラしていて、格好よくて。「ああ、自分も、この人みたいに自分の人生を自分の言葉で語れるようになりたい」と強く思いまして。

――典型的な展開ですね。

大塚　そして帰国後に、沢木耕太郎さんの紀行小説『深夜特急』にはまるわけです。

――完璧な目覚めですね。

大塚　沢木さんも著書の中の対談で次のようなことを話してるんですよね。「旅をするなら26歳がいい。若いと現実を現実として受け止められない。年を取るとリスクが生じる」。まさにその時、僕は26歳だったんです。

――もういても立ってもいられない（笑）。

大塚　ただ、お金がなかった。だから、会社を辞めて1回、埼玉の実家に戻り、電気工事店でアルバイトをして旅の準備を進めました。そして5カ月後、約25万円を持って日本を出ました。

旅先で出会う「規格外の人々」に勇気付けられ……

――まず、どこの国に行ったんですか。

大塚　タイから入ってカンボジアに行き、ベトナム、ミャンマー、ラオス。再びタイに戻って1回帰国しました。約半年の旅ですね。そこで学んだのは、「日本で自分の周囲にいる人は、世界では全くスタンダードではない」という事実でした。10年間、教師をしていながら37歳でバックパッカーになった人、40歳手前で会社を辞めて、あてもなくアジアに来ちゃった人……。そんな人が現地にはごろごろいるんです。

日本人でさえそんな状況ですから、海外のバックパッカーはもっと豪快です。ある35歳のイタリア人は半年間母国でぶどうを摘み、半年間旅をする生活を送っていました。そういう人たちに比べると「自分なんて26歳。何とでもなる！」と勇気がどんどん湧いてきちゃうんですすね。

――分かる。すごい分かる。

大塚　結局、タイから1回帰国して、数カ月でまた日本を出ました。

――ありゃあ（笑）。

大塚　当時は、3カ月職歴に空白ができると転職で不利になるなんて定説があったんですが……。

――この時点で、余裕で突破してますもんね。

大塚　もうこうなったら、半年だろうが1年だろうが、いくら空白ができても一緒だろうと思って中国へ行きました。ただ、この2回目の旅で少しずつ心境に変化が起きるんです。

――どんな変化です？

大塚　この時は上海まで船で行って、天津に行き、北京で〝沈没〟しかけたんです。

――沈没？

大塚　その町から動けなくなる現象です。どんなバックパッカーも最初は、世界遺産を見たり、自分が知らない価値観と触れ合ったりすることで気持ちが盛り上がり、次の町、次の町へ行こうとするのですが、ある時、旅へのやる気が起きなくなる。

動機は様々で、薬漬けになってどうにもならなくなる人もいます。自分が沈没しそうになったのは、北京の空気感が気に入ったのと、そこで出会った仲間とウマがあったから。

自分の場合、北京での滞在は1週間程度で、実際には沈没まではいかなかったんですが、その後も様々な町で沈没している人を見て、だんだんと「今のままでいいのか」という気持ちになっていきました。内モンゴルに入り、シルクロードを経由してチベットへ向かい、ネパールを経てインドに入ったんですが、そのインドで決定的な転機が訪れます。チベットを旅してその文化に魅せられた僕はどうしても、チベット亡命政府のあるダラムサラに行きたくなった。そこで幸運にもダライ・ラマ14世に謁見する機会を得ます。

ダライ・ラマ14世に謁見して「日本に帰って働かなくちゃ」

——そんな簡単に会える人ではないでしょう。

大塚　運が良くても数日、長ければ数カ月、何とかお会いしたくてダラムサラの町に長期滞在を続けるバックパッカーも多い。僕の場合は数日後にチャンスが巡ってきた。本当に不思議なんですけど、当日は、それまで何日も降り続いていた雨がぴたっとやんで、5秒だけ言葉を交わさせていただきました。その瞬間、思ったんです。「あっ、俺、もう日本に帰って働かなくちゃ」って。

この段階では、自分のバックパッカー観にも明確な変化が生まれていました。バックパッカーの中には確かに輝いている人もいます。でも一方で、「単なる社会不適格者じゃないか」と思う人もたくさんいました。それに、バックパッカー同士は互いにしがらみがない。嫌な奴とは付き合わなければいいんです。その結果、人間関係を築く上でのスキルが磨かれないまま年を取る人も多かった。自分の話ばっかりしてしまうとか、そういう人が少なからずいました。

——なるほど。

大塚　「好きなことを徹底的にやるのは楽しい。でも、社会の一員としていろいろな人と泣いたり笑ったりして働きながら、その上で好きなことをやるのは、もっと楽しいに違いない」。そんな結論に至り、帰国したんです。

——さあ、問題はここからです。長期に渡ってバックパッカーを続けた人間を、日本社会はどう受け入れたのでしょう。

前途多難、ラーメン店のアルバイトの面接で落とされる

大塚　実は僕、1回目と2回目の旅の間に、ラーメン店のアルバイトの面接を落ちまして。

——バックパッカーだから?

大塚　それは分かりません。でも面接で「またすぐ旅に出ちゃうんじゃないの?」と言われた記憶はあります。世間には、元バックパッカーに対して偏見を持つ人が少なからずいるのは事実だと痛感しました。

——だとすれば、2回目の旅行後の就職活動も当然苦戦された?

大塚　それが比較的スムーズに就職はできました。就職したのは住宅のセールスです。

――ラッキーでしたね。

大塚　でも実際に働いてみると、すごくハードな仕事なんですね。今で言うブラック企業というか、仕事は朝8時から夜は11～12時まで。家が売れればいいんですが、売れないと月給は12万～13万円です。未経験であろうと元バックパッカーだろうと採用する会社ですが、そこには相応の理由があったわけです。結局、1年で辞めて、転職したのが広告代理店です。住宅販売より楽でしたし、社長と気が合いまして。もともと営業は得意ですし、1年で課長に昇進しました。

――良かった。元バックパッカーでも幸せになれるんですね。

大塚　でも、2年ぐらい勤めて辞めることになりました。

――ええ。どうして？

大塚　社長とは気は合ったのですが、仕事に対する価値観が違いました。社長は事業を拡大するためには手段を選ばない。そんな人でした。そういう環境で仕事をしていられなかった。

――やっぱり自分を探し続けた人（バックパッカー）の末路は悲惨……。

大塚　大丈夫です。広告会社を辞めた後、僕の前には3つの選択肢がありました。1つはまた旅に出る。2つ目は転職する。そして3つ目が起業です。

――そうか、起業という手がありましたね。

大塚　もちろん甘い世界じゃないことは承知の上です。でも、最後の2年で広告の仕事が自分に向いていることは分かっていました。小さな広告会社なら、電話1本とコピー機1台あればできると考えたんです。

そこから先は、紆余曲折はありましたが、おおむね順調でした。小さな会社ですからニッチ分野を攻めるしかない。そこで出会ったのがスピリチュアル分野です。オラクルカードやタロットカード、ヒーリング、チャネリングなどですね。そうした分野の広告を扱っているうちに、もっと業界のことを知りたくなりました。そこでワークショップに参加したりしているうちに、自分でもそうした商材を取り扱うようになって行きました。

夢見る頃を過ぎても世界はあなたを待っている

――大塚さんはそうやってバックパッカーとしての自己実現と、社会人としての自己実現を両立できましたが、そうじゃない人もいっぱいいいるんですよね。

大塚　います、います。社会参加どころか、インドの安宿なんかでは、壁に行方不明者の捜索願いがびっしり書かれていて、怖いですよ。そこまでいかなくても、せっかくいい会社に入ったのに、旅に出て勤め先のランクが大きく下がったとか、それはもう、いろんな人がいます。

でも、たとえそうでも、旅に出たことを後悔している元バックパッカーってすごく少ないんじゃないかな。人間は、自分が何か乾坤一擲の決断を下して、その結果、裏目に出ても、自分を肯定できる生き物なんだと僕は思う。これはこれで悪くない、まあいいかって。でないと、人は生きていけません。そう思いませんか。

――思います。だったら、もうどんどん好きなことをやっちゃえばいい。

大塚　その通りです。旅に出たい若い人は、絶対に若いうちに旅に出るべきだと思います。

――若くなくても、リタイアしてから旅に出てもいいですか？

大塚　もちろん。世界は今も、そういう人たちでいっぱいですよ。

結論

自分を探し続けた人（バックパッカー）の末路は？

「日本の企業社会の歯車」にはなれない。でも、それでもいいじゃない

解説

結論は明快です。大学時代からバックパッカーを続け、新卒での就職を見送り、20代を放浪の旅人として過ごすという選択をすれば、いわゆる**「日本の企業社会の歯車」にはなれません**。

理由は単純で、日本の大企業は今も事実上、新卒一括採用を人事・採用戦略の大原則としているためです。20代を旅人として過ごした人材など、大企業の採用担当者にしてみれば「別世界の人間」。大塚さんに限らず、帰国後、就職に苦労する元バックパッカーが多いのは当然と言えます。この点について沢木耕太郎さんも旅をした後、社会復帰する回路が日本にないと指摘しています。

世界のグローバル企業の多くは、どんな経歴であろうと能力さえあれば、年齢や

性別、国籍などを問わずに迎え入れる平等な採用方法を基本としています。それに対し、日本の大企業は、新卒での就職に失敗した者への門戸を狭め（年齢差別）、育児中の女性などの重用を避け（性差別）、日本人と外国人、正社員と派遣社員でそれぞれ給与体系を変え（国籍・身分差別）、**海外企業から見ると差別だらけの人事戦略**を続けています。

人があふれる国で人手不足に陥る日本企業

既に外国では、そうしたアンフェアな制度が敬遠されてか、日本企業の現地法人が人手不足に陥っているケースもあります。このため、日本の大企業も長期的には、現在のガラパゴス的な人事制度にメスを入れていくのかもしれません。

それでも、日本国内での改革は後回しにされるはずですし、少なくとも10～20年という短期で、20代をバックパッカーとして過ごした人材が大企業に迎え入れられる環境になることはないでしょう。

しかし、だからといって、**20代をバックパッカーとして過ごす選択が、間違って**

いるとは言えないと思います。人生は一度きりですし、自分がやりたいことを投げ打って大企業に〝就社〟しても、これからの時代、絶対に潰れないと言える企業など全体の中のほんの一部です。大塚さんのように、起業して成功している元バックパッカーもたくさんいます。

若い頃の夢を諦めて「企業社会の歯車」として暮らすか、思い切って冒険して納得いく人生を目指すか——。いずれを選ぶかは個人の価値観次第ですが、「安定」も「冒険」も両方手に入れる方法が一つだけあります。インタビュー中の最後に触れた、年を取ってから旅に出ることです。大塚さんも言うように、海外にはそういうミドルがたくさんいます。

続いてもう一つ、「日本人と海外」にまつわる、ある選択の末路を見てみましょう。

留学に逃げた人（学歴ロンダリング）の末路

留学カウンセラー、栄陽子留学研究所の栄 陽子所長に聞く

グローバル化が進展する中、ビジネスパーソンがキャリアを形成する上で、語学能力の重要性がますます高まっている。今も昔も、英語をはじめとする外国語の能力を磨くための王道は海外留学。企業の採用でも、留学経験がこれまで以上に高く評価されるようになってきた。

そんな状況に合わせて普及してきたのが「海外留学による学歴ロンダリング」だ。高校時代に遊び呆けた結果、「納得できない最終学歴」を手に入れてしまった人が、その後、日本社会における学歴の重要性を痛感。人生の一発逆転を狙い、留学によって、〝より見映えのいい最終学歴〟を手に入れようとすることだ。その中は、国内の受験戦争から逃げた人も含まれる。

だが、「そんな虫のいい話があるはずがない。いい加減な留学をすると人生を棒に振ることになりかねない」と断言する留学の専門家がいる。

――2007年に著書『留学で人生を棒に振る日本人』（扶桑社新書）を通じて、日本人の留学への誤解や幻想に警鐘を鳴らされました。出版から10年、日本人の「誤った留学」は、少しは修正されてきているのでしょうか。

栄　状況は相変わらずだと思います。本を出した当時と比べて環境面で最も変わったのは、円安によって留学のコストが大きく上昇したことです。

例えば今、コミュニティ・カレッジに1年通えば学費だけで年間約9000ドルがかかります。2年通って約1万8000ドル。寮を併設していないコミュニティ・カレッジならホームステイが必要で、月1000～1200ドルかかります。2年で最低でも2万4000ドル。これに遊興費の月およそ1000ドルが加わり、同様に2年で2万4000ドル。合計で6万～7万ドル。1ドル80円の時代ならともかく、110～120円の時代になると、覚悟が必要な金額です。

――学費とホームステイ代はともかく、なんで遊興費が月1000ドルもかかるんですか？　勉強しに行っているんですよね。

栄　ホームステイしてコミュニティ・カレッジに通っている学生の多くは、授業が終わると学校に居場所がないんですよ。ホームステイ先は大抵、学校から遠く、バスが1時間に

2本みたいな不便な場所にあります。しょうがないから、学生は日本人同士、カフェに行ったりご飯を食べたりしながら暇を潰すしかない。

ドラマのようなホームステイ先はない

——ご飯は、ホームステイ先に支払う1000〜1200ドルに入ってないんですか。

栄　入っています。でも多くの学生はホームステイ先に帰りたがらない。帰っても孤独だから。

——えっ、アメリカのホームステイですよね？　優しいホストファミリーが温かく迎えてくれて、夜は暖炉の前で談笑、とかじゃないんですか。

栄　それは誤解です。皆さんホームステイと聞くと、裕福で温かい昔のホームドラマに登場する家庭を想像するようですが、現実は全く違います。今のアメリカで、ホストファミリーに名乗りを上げるのは、シングルマザー（ファザー）や老人世帯が中心で、自宅の空き部屋を使って少しでも生活の足しにできればラッキー、という方が大半です。

当然、多忙だったり、病気がちだったりで、言葉の通じない若い日本人に優しく異文化体験をさせてあげる余裕などありません。ホストファミリーと話をほとんどしない学生もたくさんいる。与えられた部屋が窓もない半地下だった、という話もよく聞きます。

――でも、そんな環境でも、頑張って卒業すれば「学歴ロンダリング」が完成するんでしょう。

栄　全然。なぜなら、今の話はコミュニティ・カレッジだからです。

アメリカには約4000の大学があって、州立と私立に分かれます。まず、私立の頂点にあるのが、リーダー養成と人格的な高みを目指す「全人教育」を目的としたリベラルアーツ・カレッジと、そのリベラルアーツが大学院を持って大規模になった総合大学（ユニバーシティ）です。私立は総じて名門が多く、レベルも高い。

一方、州立大学はピンからキリまであり、ハイレベルな総合州立大学、まあまあのレベルの州立大学、少しレベルの落ちる州立大学ときて、最も下がコミュニティ・カレッジとなります。高校時代、オール1でも問題なく誰でも入れる大学です。米国には移民もたくさんいますよね。彼らが英語習得と職業訓練をするのがコミュニティ・カレッジの主な目的です。学校にはさしてクラブ活動もなく、多くの学生が、授業が終わると飛び出して仕事に行きます。日本人学生が放課後、浮いてしまうのはそんな事情もあるんです。

1000万円をかけ短大・専門学校卒資格を取得

——じゃ、たとえコミュニティ・カレッジを卒業しても……。

栄　日本であろうと米国であろうと、誰も「四大卒」とは見なしてくれません。コミュニティ・カレッジを卒業するとアソシエート・ディグリー（準学士）となります。コミュニティ・カレッジで何を学ぶかにもよりますが、日本でいうところの短大卒、専門学校卒というイメージです。

——そんな……。2年通って、6万～7万ドルかかるんですよね。

栄　実際は、コミュニティ・カレッジに入る前に語学学校に1年通うケースも多いから、もっとかかると思います。

——極論すると、この大学全入の時代に1000万円近いお金を払って、アメリカの短大・専門学校卒資格を取りに行っている、という感じですか。

栄　実際、一生懸命勉強してコミュニティ・カレッジを卒業して帰国した人が、どの企業に履歴書を出しても相手にされないという話があります。本人や親御さんは、「アメリカ留学の経歴があればどこでも就職できる」と思っていたようで、大変ショックを受けておられました。

――ならば、最初からコミュニティ・カレッジではなく、名の通った大学に行けばいいのでは。

栄　それができるだけの英語力を持つ日本人学生は極めて限られます。

――じゃ、コミュニティ・カレッジを卒業した後、帰国せず、ちゃんとした大学に進学すればいいいんじゃないですか。

栄　それについては可能性はあります。カリフォルニアで言えば、各コミュニティ・カレッジに一人ぐらいはＵＣＬＡ（カリフォルニア大学ロサンゼルス校）に行けるかもしれませんね。確率で言えば何百分の一でしょうけど。

――ええ。語学学校とコミュニティ・カレッジで3年も勉強したんだから、英語は相当話せるでしょう。

栄　外国の人がいくら日本語ができたって、東京大学や慶応義塾大学にすんなり入れますか。コミュニティ・カレッジを卒業した人の多くが、進学するとしても大抵は普通の州立大学です。学費は年間3万ドルで、4年かけて卒業する。そうすれば米国留学したと「普通に」胸を張れるでしょう。

高校時代、遊んじゃうとロンダリングは難しい

——コミュニティ・カレッジで6万〜7万ドル、州立大学で12万ドル……。それで〝普通〟ですか。UCLAとは言いませんから、何とか最初から州立大学に入る手はありませんか。

栄　ありますよ。英語に難があるなら、普通の州立大学の付属語学学校に入ればいい。でも、それはそれで問題がある。州立大学付属の語学学校から、その大学に進学する際には、高校の成績も加味されるんです。例えばある学生は高校を卒業した後、一念発起して、コロラド州立大学付属の語学学校に進学しました。そこでものすごく勉強して、TOEFLのスコアが75を超えました。彼は早速、必要な書類を揃えて進学を申請しましたが、不合格になってしまった。彼の高校時代の成績は5段階評価の3ばかり。米国の成績に換算すると2・00。コロラド州立大学はトップクラスの州立大学で、原則として3・00以上（オール4以上のイメージ）の学生が願書を提出する学校です。

——だとすれば、高校時代に遊び呆けた人が、人生の一発逆転を狙って「海外留学による

学歴ロンダリング」を目論んでも最初から無理って話になりませんか。

栄　そういう人の中には、付属の語学学校を出た後、コミュニティ・カレッジに入学し直して、州立大学進学を狙う人もいます。

――卒業まで一体、何年かかるんですか。そこまでやるならもはや、普通に東大や慶応を目指した方が、話が早い気すらしますけど(笑)。

栄　誤解なきよう言っておきますが、今も留学で人生を一発逆転する人が存在するのは事実です。「日本の大学が物足りない」と高校卒業と同時に留学する人もいるし、いったん日本の大学に入ったけれども不満を感じて退学し、留学にトライする人もいる。そんな高い志を持つ人の中には、英語をマスターし、名の通った大学を卒業し、人生をステップアップさせる人も大勢います。

ただ、そういう人がいる一方で、留学で人生を棒に振る学生もいますよ、という話です。コミュニティ・カレッジから首尾よく普通の州立大学に進む確率は、3分の1以下でしょう。

――そんなに少ない⁉　みんなどんな末路をたどっているんですか。

栄　カリフォルニアやニューヨークなどの都会へ留学する学生がたどる典型的なコース

は、次のようなものです。

まずホームステイ先からコミュニティ・カレッジへ通い始めます。すると前述したように孤独になる。面白くない、寂しい。そんな時、日本人の先輩留学生が声をかけてくる。先輩も自分と全く同じ経験をして、既にホームステイ先から飛び出し、アパート暮らしをしている。「寂しかったら、今日カレー作るからおいでよ。ほかの日本人留学生も来るから」などと誘ってくる。久しぶりの同胞との邂逅です。これが、ものすごく楽しい。そのうち自分もアパートに移りたいと思うようになる。米国のコミュニティ・カレッジの周辺には、そうやって日本人ばかりが住むアパートがたくさんあります。カリフォルニアのロングビーチにあるアパート一棟が全員日本人留学生とかそんな話がざらです。

異国で始まる青春ストーリーほど楽しいものはない

――楽しいでしょうね。

栄　楽しい。そうやって日本人同士が異国で固まるとどうなるか。男女がいますからね、いずれはやれ恋愛だ、同棲だという方向に向かっていくわけです。

――楽しそうだけど、もはや英語もへったくれもない。

栄　日常生活でコミュニケーションする相手の大半が日本人ですから。

――留学したのに（笑）。

栄　そうやって中途半端な段階で帰国すると、膨大なお金と時間を使ったのにキャリアは何も積み増されない、という状況になってしまうわけです。

――一体どうすれば、留学で人生を棒に振らずに済むのでしょう。

栄　まずは、アメリカの教育制度や留学の仕組みを真剣に勉強することでしょうね。いきなり名の通った大学に進学できる英語力を持つ人はなかなかいないから、最初はコミュニティ・カレッジか州立大学付属の語学学校に入ることになる。その際、必ず寮に入ることです。留学で人生を棒に振る人たちはカリフォルニア留学やニューヨーク留学に多い。都会で遊んでしまうことも一因ですが、こうした地域は、学生寮のないコミュニティ・カレッジが多いんです。留学先として若者たちはどうしてもそういう地域を選びがちですから要注意です。

――「どうせアメリカ留学するなら、カリフォルニアかニューヨークがいい」という考えは危ない、ということですか。

栄　寮に入れば、放課後も学校に居場所を作れます。ルームメイトである外国人とのコミュニケーションも不可欠だし、向こうはチューター制度が発達していますから、授業が終わっても勉強を教えてもらえる。英語漬けの毎日で相当辛い。でもそうした環境に置かれて初めて、本物の英語力が磨かれていく。

また、同じコミュニティ・カレッジでも、小規模で先生たちの面倒見がよく、四大への進学率が高いところを選ぶのもコツです。きちんと2年間頑張って勉強し、良い成績を取れば、返済不要の奨学金付きで州立大学に編入することもできるからです。

費用を節約して留学したいなら、教育に力を入れている州、例えばテキサスなどの学生寮付きで進学率の高いコミュニティ・カレッジへ行き、四大編入を狙うのがいいでしょう。アメリカの若者の中にも、学費の安いコミュニティ・カレッジ経由で四大に編入する人が増えています。

――そうやってしっかり研究し、信念を持って臨む人にとっては、留学は今も間違いなく人生の可能性を広げてくれる貴重なツールになる。でも、留学に逃げようとしても、ろくなことにはならない、というわけですね。

結論

留学に逃げた人（学歴ロンダリング）の末路は？

大金を払い、借金まみれの人も。人生で一発逆転はなかなか難しい

解説

今回の末路に関しては、多くの読者の方が予想できたのではないでしょうか。栄さんが指摘する「留学による学歴ロンダリングの末路」は次の通りです。

①　相当な費用が発生し、借金まみれになる可能性もある

②　その割にコミュニティ・カレッジを卒業しただけでは四大卒と見なされない

③　州立大学を卒業するにはさらに時間が必要

④　結局、日本人留学生同士で群れてしまい、英語すら満足に身に付かない人多数

要は、高校時代に遊び呆けて「納得できない最終学歴」を手にしてしまった人が、

留学で人生の一発逆転を狙っても、ろくな末路にはならない。これが結論です。

人は、外れても外れても1000万分の1の幸運を信じて宝くじを買い続けるように、状況が苦しくなればなるほど「一発逆転」を夢見てしまいます。しかし、虫のいい話はなかなかない、ということなのでしょう。

「こつこつやるのが成功の近道」なのは、仕事や経営でも変わりありません。例えば営業はその典型例です。

電話帳を「あ」から順番に電話する営業手法

「ファクトリエ」という衣料品の通販サイトがあります。運営するライフスタイルアクセント（熊本市）は工場を持たないアパレルメーカーで、自らデザインした洋服や小物を、提携する国内の縫製業者に製造してもらっています。高品質やデザインの良さ、従来ならば3万円の高級品を1万円で売る価格競争力が評価され、国内はもちろん世界からも注目を集める新興企業です。

このビジネスモデルの肝は、世界的なレベルの技術を持つ地方の知られざる縫製業者をいかにネットワークするかです。大手の息のかかっていない、無名で小さいが腕のいい業者をどうやって発掘するか。ネットや一般の名簿によるリサーチでは埒が明かないことに気づいた山田敏夫社長がたどりついた手法は、タウンページとハローページに「衣服業」として登録されている企業の電話番号に、「あ」から「わ」まで順に電話をかけていくことでした。

2012年の事業開始以来、地方に出張するたびに、この方法で「知られざる達人」を探し当ててきた結果、以前は100件に1社しか会えなかったけれど、今は20件に1社の割合で会えるようになったそうです。

東京都渋谷区に本社を置く電動バイクメーカーのテラモーターズは、広大なインド市場を少人数の営業マンでカバーし、主力の3輪EV（電気自動車）市場で、現地トップ3に入り続けています。その営業手法も「電話帳で『あ』から電話」に負けない「こつこつ作戦」です。

同社の営業マンは〝放浪〟しながら販促活動を続け、一つの町に着けばホテルに滞在しながら、現地のバイク販売店を順番に訪ね歩きます。そして、自社製品を売り込むだけでなく、効果的な売り方やメンテナンス、インド3輪車市場の現状や補助金の仕組みなど、販売店が欲しているスキルや情報を提供し、住み込み同然で指導します。トイレ掃除など、営業とは関係ないことまで手掛け、一つの販売店に2週間以上通い詰めることもあるそうです。そうやって徐々に自社の商品を売り込んでいく。まさに「こつこつ営業」です。

世の中に〝うまい話〟はやっぱりない。**キャリア形成も、営業も、「地道にこつこつ」に勝るものはない**のでしょう。

「疲れた。海辺の町でのんびり暮らしたい」と思った人の末路

千葉県館山市への移住支援を手掛けるＮＰＯ法人おせっ会の八代健正理事長に聞く

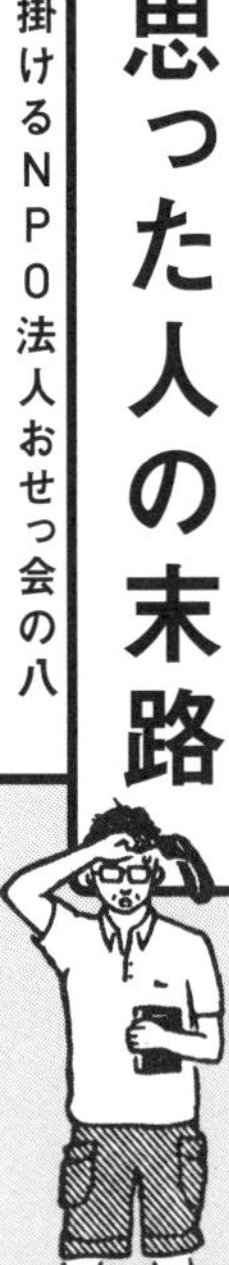

都会で働く会社員の間で、〝心の病〟を患う人が増えている。ある公式統計によれば、仕事に対して「強い不安、悩み、ストレスがある」と感じている人は全体の6割強。デフレ下で進んだ人員削減や新事業の進出などにより、多くの職場で労働強化が加速したことが背景にあると思われる。いつ終わるとも知れない膨大な仕事を前に、「もう疲れた。海辺の町でのんびり暮らしたい」とふと思ったことのある人も少なくないはずだ。

だが、長年暮らし慣れた生活環境を変えることは、それはそれでリスクを伴う。「田舎暮らしブーム」に乗って転居したものの、適応できず都会に舞い戻ってくる人も存在する。千葉県館山市への移住支援を手掛けるＮＰＯ法人おせっ会の代表に、都会の会社員が田舎暮らしをする上で必要な心構えを聞いた。

――まずはNPO法人おせっ会の活動内容を教えてください。

八代　千葉県館山市への移住支援を手掛けています。館山市に興味がある人への移住に関するよろず相談が活動の柱で、移住体感ツアーやホームページなどでの情報発信も展開しています。2008年に館山商工会議所青年部50周年記念事業として出発し、翌2009年にNPO法人格を取得しました。

――東京などから館山市に移住する人は増えているのですか。

八代　会の発足以来2013年までに、移住相談は500件を超え、約120世帯、およそ300人の方の移住を支援しました。おせっ会を経由しないで移住されている方もいますから、実際には、この数倍は館山に移り住んでいるはずです。

――どのような方が移住されているのでしょう。

八代　30～40代の子育て世帯が中心です。60歳以上のリタイア組もいますが、働き盛りの移住者が一番多い。アクティブな方が多くて、館山で仕事を見つけて、地域活動などにも積極的に参加されている。お祭りなどでは地元のリーダー格になっている人もいます。

――なるほど。逆にこんな方はいませんか。「都会暮らしに疲れ果て、海辺の町でのんびり暮らしたい。もうあんまり働きたくない。蓄えを取り崩して、読書したり散歩したりして、ストレスフリーな毎日を送ろう」みたいな方は？

八代　昔はそういう方もいましたけど、最近は減ったように思います。

——でも一定の貯蓄があれば、原理的には可能ですよね。

八代　可能かもしれませんが、あまりお勧めできません。

——どうしてでしょう。「貯金はそれなりにあるし、早期退職で退職金も割り増しになるから、贅沢さえしなければ当面の生活費には困らない」なんて人もいるかもしれない。何もせずにのんびりと、館山の青い空と海、星空を見ながら、「毎日が夏休み」みたいに暮らしていければ最高だと思うのですが。

アーリーリタイア、読書三昧は原理的には可能だが……

八代　短い間ならそれでいいでしょう。でも長期間、貯金を取り崩し、地域社会とも関わらない生活を続けていくと、たとえそれなりに資産があっても、この青い空と海を「きれいだな」と受け止める心の余裕がなくなっていくんです。

——どういうことでしょう。

八代　こういう話があります。ある70代のご夫婦が移住されてきた。資産は十分にあるし、今まで一生懸命働いてきたから、これからは畑でも耕しながらのんびり暮らそうと最初は思われていた。ところがしばらくすると結局、ご夫婦で総菜屋さんのアルバイトを始められたんです。最初は良かったけれど、だんだん「人と関わらないのはつまらない、寂しい」と思うようになったそうです。

——なんだかんだ言いながら、人間は本当に孤独では生きられない、と。

八代　こんな事例もありました。その移住者の方は元社長で、やはりそれなりの資産を持っていた。でも最終的には市内のホテルで働くようになりました。以前は、生活費で貯金通帳の額が少しずつ減っていたのが、アルバイトを始めてからはそうでなくなった、随分と気持ちが楽になったとおっしゃっていました。

——資産の絶対額にかかわらず、貯金残高が目減りしていくプレッシャーは、普通の人にとっては相当なものだ、と。

八代　働かないでいると、たとえ館山であっても、移住希望者の方が想像している以上のスピードで資産は減っていきます。よく「何万円でできる田舎暮らし」みたいな指南書がありますが、現実にはなかなかシミュレーション通りにはいかない。

まず、田舎でかさむのがガソリン代です。都会のように公共交通が発達していませんから、通勤も休日もクルマに乗るしかない。僕の場合、年間で30万円ぐらいガソリン代がかかります。あとガス代も都会の生活より上がります。

——でも家賃は下がりますよね。空き家の古民家なら2万〜3万円でも借りられるとか。

八代　都会暮らしに慣れた人がいきなり古民家暮らしなんて、なかなかできるものではないと思います。中には、床は抜けるし、トイレは汲み取り式だし、住むには一定の改装が必要な物件もあります。

実は僕も月5000円で古民家を借りているのですが、簡易水洗にしたり、お風呂のボイラーを交換したり、生活環境をそれなりに整えたら、100万円ぐらい、すぐになくなってしまいました。

——個人的には虫が極めて苦手なんですが、やっぱり出ちゃいますか？

八代　出る出る（笑）。ゴキブリなんかちょろちょろ走り回っていますよ。

——うわぁ……。ホウ酸団子的なもので撃退できませんか？

八代　無理です。田舎のゴキブリは頭がいいんでしょうね。少なくとも僕の家の彼らは、毒なんか食わないですよ。それに、ゴキブリより怖いものもたくさんいます。僕はこの前、ペンぐらいの大きさのムカデに噛まれましてね、肘から先が腫れ上がっちゃいました。あとマムシも出るし。

だから僕は移住相談に来られる方には、まずは町にアパート、マンションを借りることをお勧めしています。

――そうすると、家賃はいかほどになりますかね。

八代　僕は普段こう説明しています。「普通に暮らすなら5万円、贅沢するなら6万円、4万円なら我慢の毎日、3万円なら修行の日々ですよ」って。

――すると、しょうがないから月6万円コースを選ぶとして、年間72万円。ガソリン代を30万円加えて、生活費が7万円として、年間200万円近く、と。10年で2000万円、20年で4000万円。もし年金が出なかったら、もしアベノミクスでインフレが進行したら……。確かに、数千万円から1億円程度の小金持ちレベルの資産だと、正直焦ってきちゃいますね。

八代　でしょう。だから移住希望者の方には、単身の方なら手取り15万円、ご夫婦なら25万円ぐらいの月収は確保した方がいいですよ、とお勧めしています。

――なるほど。ならば仕方がないから移住後も何か仕事をするとして、大変失礼ですが、館山に雇用先は豊富にあるんでしょうか。

八代　あります。建設、介護、医療、運送……あと観光施設も人手不足です。

――なるほど。ただ、仮に仕事が見つかったとしても、まだ課題は残ります。地元にうまく溶け込めるかどうかです。都会では、隣にどんな人が住んでいるかも知らず、すれ違っても、挨拶もほとんど交わさない人も多いでしょう。そんな環境に慣れた人間が、果たして田舎の濃密な人間関係に適応できるかどうか。もともと外交的で積極的な性格の人ならいいんでしょうが。

無理にテンションを上げずとも地域には溶け込める

八代　そういう心配をされる方は多いんですが、結論から言えば、よほど人間嫌いの変人でもない限り、必ず溶け込めます。自然体で臨めばいいんです。別に自分から挨拶しろと言っているわけではない。館山では歩いていれば、向こうから挨拶してくれます。子供たちが「おはようございます」とかわいく挨拶してくれれば、どうします？

――そりゃあ、さすがの都会人でもちゃんと返事をしますよ。

八代　でしょう。実際、100組以上の移住をお世話して、都会に帰られた世帯が数組ほどあったのですが、ほとんどは親の介護などのやむを得ない事情でした。地域になじめなかったという理由で戻られたのは本当に極めてわずかだけです。自然体で接すれば問題はない。

むしろ、たまに「何とか溶け込もう」「引っ込み思案じゃまずい」と焦って、選挙活動のように近所に菓子折りを配ったり、ものすごいテンションで地域活動に参加したりする方がいるんですが、それでは本人も周囲も疲れてしまう。普通でいいんです。

――なるほど。ただそれでも、田舎に対して息苦しい閉鎖的なイメージを根強く持つ人は自分の周りでも多いです。たまに都会以上に怖い事件が起きるでしょう。ああいう事件の背景には、田舎特有の閉鎖性があるという専門家の声もよく聞きます。

田舎特有の〝横溝正史的空気〟は館山にはない

八代　その点なら、館山は心配ありません。館山は昔から人の出入りがとても多い地域なんです。自衛隊があるし、漁師さんの出入りもある。閉鎖的どころか開放的で、みんなあっけらかんとしていますよ。

――じゃあ、八つ墓村とか三十人殺しとか、〃横溝正史的空気〃はここ館山にはない、というわけですね。

八代　ありません、ありません。人間関係が濃いと言っても、せいぜい中学生の男の子が彼女と一緒に下校したら、家に着いた時には母親がそのことを知っているかも、という程度の濃さです。

――結構濃いなあ（笑）。

八代　すぐに慣れます。

――都会人の中には、田舎は草刈りやお祭りの準備などの奉仕活動が多くて、プライベートな時間が確保できないと考えている人もいます。

八代　確かに奉仕活動はそれなりにありますが、プライベートな時間がなくなるほどではありません。自分の場合、草刈りが年2回、お祭りの準備が最大1週間、どぶさらいが3カ月に1度ぐらいです。

――それも慣れれば楽しくなる？

八代　いや、楽しくはなりません（笑）。炎天下に草刈りをするのはやっぱりきつい。でも楽しくはありませんが、気持ち良くはなります。

――どういうことでしょう？

八代　一生懸命草刈りして、自分の家の周りだけでなく、地域全体がきれいになるのを見るのは、やってみるととても爽快なんです。自分のためだけでなく、地域のために何かをする、常に他人を気にかける。それをうれしいと思えるのは、日本人がもともと持っている国民性から来るもののような気がするんですよね。

――むしろ、他人のことは我関せずで暮らしている都会生活の方が、実はストレスを溜め込んでいる、と。

八代　そういう側面はあるでしょうね。

結論

「疲れた。海辺の町でのんびり暮らしたい」と思った人の末路は？

社交性があるなら楽しい。
都会よりストレスも減るけれど……

解説

会社勤めをしている中高年の方なら、一度は脳裏をよぎったことがある選択だと思いますが、八代さんの話を聞く限り、都会から地方への移住が成功するか否かは、その人が理想としている〝田舎暮らし〟のイメージで随分変わってくるようです。

まず、田舎に生活拠点を移してもバリバリ働き、人間関係が濃厚な田舎社会でもたくましく人付き合いをしていこうと考えている人。こういう人はほぼ問題ありません。本人も家族も楽しいセカンドライフを送れるし、移住先からも大いに歓迎されるでしょう。今すぐにでも移住すべきです。

一方で、都会暮らしに疲れて、表題通り、「海辺の町でのんびり暮らしたい」と考えて移住を選択しようとしている人は、要注意という結論になると思います。理由は簡単で、**地方の多くでは、都会のように「全くのマイペースでのんびり暮らすこと」などなかなかできない**からです。

まず、掃除や草刈りなど共同作業が多く、自分の時間を確保できません。八代さんは「プライベートな時間がなくなるほどではない」と指摘していますが、それも地域によるようで、「日経ビジネス」が2012年、田舎への移住体験者に実施した調査では、「消防団、公園・河川敷掃除、祭りの準備などの奉仕活動が頻繁にあること」が、田舎暮らしの大きな誤算との声が数多く上がりました。

また、田舎暮らしは思った以上にコストがかかります。広告代理店に勤務していたB氏が早期退職し、妻と子供を連れ、有機野菜の栽培事業を始めたのは2011年のことです。そこで直面したのが、想像以上の生活コストの高さでした。

「驚いたのが自治会費の高さ。以前住んでいた場所は年5000円だったが、今では3万円以上もする。賃貸物件はなく、古民家を買って住むにも修復に想定以上の費用がかかる」（B氏）。それまで蓄積した資産にもよりますが、人によっては会社員時代の2～3倍働く心構えが必要になるケースも出てくるでしょう。

「『田舎＝のどか』は幻想」と指摘する移住経験者

さらに、「『田舎＝のどか』は幻想」と指摘する移住経験者も少なくありません。都会より治安が悪い地域や、人口1万人当たりの交通事故発生率は都心を上回るエリアも少なくありません。加えて、濃密な人間関係もやっぱり心配です。八代さんは「よほど人間嫌いの変人でもない限り、必ず溶け込める」と励ましてくれていますが、都会暮らしが長い人ほど不安になるのは致し方のないところでしょう。

こうした状況ですので、本当に「海辺の町でのんびり暮らしたい」と思うなら、働かなくても食っていける資産を蓄積し、周囲と一定の距離を置き、晴耕雨読の日々を目指すしかありません。しかし、それについては、八代さんがこう釘を刺します。

①　どんなに資産があっても目減りしていくプレッシャーに人は耐えられない

②　どんな人でも「人と関わらないのはつまらない、寂しい」と思うようになる

こうしていろいろと考えてくると、上手にストレスを解消しながら都会暮らしを続けた方が気楽、という選択に落ち着く人もいるかもしれません。

地方の衰退が日本の課題となる中、政府は東京への一極集中を和らげようと様々な政策を打ち出しています。しかし本当に地方の人口を増やしたいなら、**都会生活者と地方生活者の人生観や価値観の違いまで踏み込んだ地方創生策を練ることが必要**なのかもしれません。

第4章

変わった人の末路

電車で「中ほど」まで進まない人の末路

人間心理に詳しいランスタッドＥＡＰ総研の川西由美子所長に聞く

組織のスリム化や成果主義の導入による労働強化に伴い、高まり続ける会社員のストレス。職場環境の悪化とともに、改善の兆しが見えない世界最悪レベルの通勤ラッシュも、働く人の大きな心理的負担となっている。ピーク時には３００％を超えるとも言われる日本の通勤電車。携帯電話の利用やヘッドホンの音漏れもさることながら、「乗車時に、電車の『中ほど』まで進まない人々」にストレスを感じることも多いのではないだろうか。

すぐ降りるわけでもないのにドア付近で立ち止まれば、混雑に拍車をかける上、後から乗車する人の邪魔になる。中ほどまで進めば自分自身も楽なのに、奥へ行く素振りすら見せない人も多い。単に気が利かないだけなのか、あるいは周りが見えていないのか。それとも、何らかの意図やトラウマがあっての行動なのか。人間心理のスペシャリストとともに、「電車で『中ほど』まで進まない人」の心理を分析する。

――満員電車で都心へ通勤している方であれば、一度は「電車で『中ほど』まで進まない人」にイライラさせられた経験があると思うんですが。

川西　そう思います。私自身、丸ノ内線で通勤していますが、乗車の際にドア付近で意味なく立ち止まろうとする方を頻繁に目にします。通勤時間帯の電車の混雑が激しいのは仕方がない面もありますが、よく見ると中央付近にそれなりのスペースがある車両は少なくない。皆が積極的に奥に詰めるようにすれば、少しは通勤環境も改善するはずです。

――だからこそ、車掌さんや駅員さんも連日、「中ほどまでお進みください」とアナウンスしています。でも実際には、ラッシュのピークを過ぎると「奥はガラガラなのにドア付近は混雑」みたいな車両すらある。詰めようと思えば詰められるのになぜ皆、そうしないのか、子供の頃からずっと不思議に思っていました。

川西　当たり前のことですが、すぐ降りないなら、奥に行った方が満員電車は絶対に楽です。ドア付近にこだわれば、駅に着くたびに降車、乗車を繰り返さねばなりません。

――でも現実は、すぐ降りるどころか終点まで乗るのに、ドア付近で30分も40分ももみくちゃにされ、辛そうな方もいます。電車に乗った時、一部の人がなかなか奥へ行きたがらないのは、人間のいかなる心理に基づく現象なのでしょうか。

川西　心理学的観点から見れば、同じ「中ほどまで進まない人」でも、大きく3パターンに分類できると考えています。

奥へ行かない理由としてまず考えられるのは、単純明快、「気が利かないから」です。心理学的に言えば「ドア付近にいたら、乗り降りする人に迷惑だな」とか「自分が奥まで行かないと、後から乗ってくる人が乗り遅れかねないな」などと思考する回路が、脳に十分作られていない人、ということになります。

――ドア付近を好む人の中には、ドアの両脇に門番のように立つ方もいますよね。シートの縁にもたれて。例えばあの方々も「ここに立っていたら、背負っているリュックや自分の髪の毛が、後ろに座っている人の頭に当たって、不快に思われるかもしれないな」と想像する回路が脳にない、と。

川西　理屈の上では、そういうことになります。

「気を利かせる回路」がない人々

――それって言い方は悪いですけど、「頭があまり良くない人」ってことになりませんか。

「中ほどまで進まない人」全員が、その脳の回路とやらに問題があるのでしょうか。だとすれば、日本の将来が危ぶまれるのですが。

川西　全員がそうだというわけではありません。あくまでパターンの一つです。ただ、今の日本で「気が利かない人」が増えているのは間違いありません。今、申し上げた「回路の有無」は、頭の良し悪しとは関係ないんです。学校の勉強ができて、有名な会社に勤めていても、電車の中ほどまで進まない人はたくさんいます。

――なぜ、回路がない人々が増えているのですか。やはり環境ホルモンだか何だかの影響で「学校のお勉強はできるけど、脳に問題がある人」が増えているとか？

川西　いえいえ。そもそも「気を利かせる」という能力は、必ずしも先天的才能ではありません。基本的には後天的に身に付くものです。何より影響を及ぼすのが幼少期。単純化して言えば、脳の形成期に「気を利かせることはいいことなんだ！」と強く実感する経験と記憶を数多く積んだ子は、それだけ気を利かせられる大人に育ちます。

――子供なりに機転を利かせ、周囲に気を配ったり、友達に優しくしたりしたら、親はきちんと褒めねばならない、と。

川西　ただ「ありがとう」「いい子ね」といった定型的な言葉で褒めても、大きな効果は望めません。脳は反復して起きる物事は習慣化してスルーする機能があるからです。ただ褒めるのではなく、「なぜそれが良いことなのか」「周りはどうして喜んだのか」など、〝褒める意味〟を明確化して褒めねばなりません。

――「たかが」と言っては何ですが、「電車の中ほどまで進む子」を一人育てるだけでも、結構な工夫が必要なんですね。

川西　でも、昔はそれができていたんです。「それが可能な子育て環境」が整備されていたからだと思います。今ほど核家族化が進んでおらず、地域社会も機能していたので、気が利いたことをすれば褒め、気が利かないことをすれば諭す大人が、子供の周りにたくさんいました。

「気の利かない人」量産社会になった理由

――まず祖父母がそうだったし、近所のお年寄りも他人の子に今よりずっと気さくに声を掛けていました。褒めるにせよ叱るにせよ、皆、話が長かった。あれは、「意味を明確化した褒め方であり説教」だった、というわけですか。

川西　加えて今は、子供が気の利いたことをやりたくても、過保護で何も手伝わせない親も増えています。〝子供が気を利かせるチャンス〟自体が昔より減っているんです。

――なるほど。では、「気を利かせる回路の欠落」が電車で中ほどまで進まない第1の理由だとすると、第2の理由はどんなことが考えられるのですか。

川西　第2のタイプは、「気を利かせる能力はあるが、周囲が見えていない人」です。言い換えると、「ビジュアルフィールドが狭い人」となります。物理的に周りがよく見えていない場合と、見えてはいるけれど、その視覚情報を有効に認知・活用できない場合があります。

――車両内の混雑状況や空きスペース、降りようとしている人の動きなどが見えていなければ、気を利かせようがありません。これについては、原因はどういうところにあるのでしょう。

川西　まず、目に特段の疾患がないのにビジュアルフィールドが狭まる原因の一つは、ストレスだと言われています。ただ、そうした場合は、ストレス自体がなくなると解消される可能性がある。より問題なのは、子供の頃の経験不足によって、見えてはいるけど知覚した周囲の環境情報を有効に認知・活用できないケースです。

——またしても幼少期ですか。逆に聞くと、どうすれば、周辺環境を有効に把握し、電車で中ほどまで進む子になるんですか。

川西　有効なのは、5歳くらいからで構わないので、集団スポーツを習わせることです。特にサッカーがお薦めです。

——なるほど。サッカーなら味方や敵のポジション、ボールの位置といった周辺環境を把握し、次に取るべき最適行動を思考し続けねばなりません。スポーツの多く、特に球技は、周囲に目を配る鍛錬ができそうです。とすると、極論すれば、電車に乗るなりドア付近で意味なく立ち止まる人は、学生時代、文科系の部活、あるいは帰宅部だった可能性が高い、と。

体育会系の優先採用は理にかなっている!?

川西　いえいえ、必ずしも運動じゃなくても構わないんです。例えばお習字。半紙の上に文字をどう配置するかバランスを考えるでしょう。そうした作業からも周囲を把握・認知する能力は磨かれていきます。

――逆に考えると、「運動も習い事もせず、何の趣味もなく幼少期、青年期を過ごした人＝電車で中ほどまで進まない人」という方程式が成立する可能性もあるわけですか。だとすれば、機転が利く新人が欲しい一部の企業が、体育会系の学生やスポーツエリートを優先採用するのも、理にかなっていることになりますね。では、電車で中ほどまで進まない人の3つ目のパターンは何ですか。

川西　気を利かせる力も、周辺の環境を認知・活用する能力もある。でも、〝奥に行く技術〟がない人たちです。

――ああ、それなら分かります。自分は奥に行った方がいいと思っても、通路が塞がっていて進めない。「もう面倒だから、今日はドア付近で我慢するか」というタイプですね。

川西　そんな時でも〝奥に行く技術〟があれば、通勤時間を少しは快適に過ごせます。

――でも、〝技術〟といっても相当難しいでしょう。殺伐とした世の中ですし、満員電車では皆、多少なりとも苛立っています。たとえ「すみません」とひと声掛けても、奥へ行く際に足を踏みでもすれば、トラブルになりかねません。

川西　そうですか？　私は毎日、奥に行っていますよ。「ごめんなさい。奥が空いているみたいなんで、通していただけますか」とか、通路が塞がっている場合は「そこの素敵なピンクのネクタイの方、もう少し奥へお詰めいただけますか」とか声掛けして。

――それはメンタルがお強い。そんなことをしてキレられたことはありませんか。

川西　睨まれる時が全くないわけではありません。でも、言い方やタイミングを間違えなければ、大抵はうまく行きます。大切なのはフォローアップ。首尾よく奥のポジションに着いたら、協力してくださった方に「ありがとうございます」「助かりました」と、きちんとお礼を言う。これでほぼ問題ありません。そうやって私がロールモデルとして奥へ進めば、ほかの人も追随してくれて、車内の快適性が一気に増すこともありますよ。

「コップ酒＋専門紙おじさん」の弱点はパーソナルスペース

――とはいえ、暴力沙汰を含めた車内トラブルは連日のように起きていますし、本当にこれまで危険な目に遭遇されたことはない？

川西　全然。だって私、コップ酒を片手に競馬の専門紙を読みながら寝転がり、一人で座席を占領しているようなおじさんにだって、向かっていきますもの。

――コップ酒に専門紙ですか……。

川西　でも、ああいう方は、心理学的に言うと「パーソナルスペース」を重視している人がとても多い。パーソナルスペースに他人に侵入されたくないから、周囲が接近しないよう威嚇しているとも言える。ですから、故意に近くに座るといい。すると向こうの方から少しずつ離れていき、より多くの人が座れるようになります。

――なるほど。話をまとめると、すぐ降りるわけでないにもかかわらず、中ほどまで進まない人は3タイプに分かれる。①気が利かない、②周辺の環境情報が十分に把握できない、③周囲に働きかけて〝奥に進む技術〟がない、のいずれかだ、と。

川西　そうです。

――とすれば、やはり心配なのは①と②ですね。気が利かないと仕事でも大きなハンディになりますし、周囲を把握する能力も、電車の中の最適ポジションを判断する力程度はないと、日常生活に支障が出かねません。いずれも幼少期の経験が影響するとのことですが、成人後、せめて気が利く力だけでも矯正する方法はありませんか。

川西　可能です。例えば、職場で上司が親の代わりになって働きかければいいんです。

――新人が気の利いたことをすれば褒め、気が利かないことをすれば諭す。それも意味を明確にして。そして少しずつ脳に回路を作っていく、と。

川西　若い方にはそれが有効です。ただ、40〜50代の方には、親の代わりに諭す方法は慎重に実践する必要がある。言われた側が、馬鹿にされたように感じて聞く耳を持たなくなってしまう場合があるからです。そうした人がいる職場では、個人を矯正しようとするのでなく、組織全体で「気を利かせることの大切さ」を学ぶムードを作った方がいい。

——なるほど。気が利かない脳を矯正することは可能でも、時間がかかりそうですね。電車で中ほどまで進む人が増え、日本の通勤ストレスが緩和する日は、随分先になりそうな気がしてきました。

川西　でも現時点でやれることもまだ残っていると思います。例えば、車内のアナウンスだって工夫の余地があります。

「下げようスピード」ではダメ。もう一言が必要

——「中ほどまでお進みください」だけではダメ？

川西　幼少期に「気を利かせる回路」が出来上がらなかった人の脳に、成人後に回路を作るには、「〇〇をしましょう」という働きかけでは不十分です。やはりここでも、なぜそ

れをするのか、そのメリットは何なのかという「意味の明確化」が必要になる。

例えば、電車とは直接関係ありませんが、こんな話があります。ある運送会社で、社員のスピード違反が問題化していました。そこでその会社では「下げようスピード」というスローガンを掲げたけれど、ほとんど効果はなかった。しかしそこに、あるフレーズを付け加えたら、たちどころに違反が減ったんです。

――そのフレーズとは？

川西　簡単です。「下げようスピード　上げよう給料」です。

――！

たったワンフレーズ加えただけですが、スピードを下げる意味が一気に明確化されました。だとすると、鉄道会社も「中ほどまでお進みください」だけでなく、「そうすれば通勤時間が快適になります」とか「混雑が緩和します」とか、〝中ほどまで進む意味〟を付け加えた車内放送をすればいい、と。

川西　やってみる価値はあると思います。

結論

電車で「中ほど」まで進まない人の末路は？

将来の見通しは暗い。企業社会での成功は困難

解説

取るに足らないことのように見えて、実はものすごく奥深い――。今回はまさにそんなテーマです。川西さんは、「電車で『中ほど』まで進まない人」の原因は次の3つであると分析します。

①「気を利かせるための回路」が脳にできていない

②「ビジュアルフィールド」が狭い

③「他人に働きかけるコミュニケーション能力」が弱い

①の「気を利かせる回路」とは、周囲の状況変化を想像し、他人を思いやり、全

体最適を考える力、と言い換えてもいいでしょう。

①〜③のいずれも、幼少期より時間をかけて醸成されるもので、大人になってから矯正できる可能性がゼロではないものの、なかなか簡単には修正できないスキルと言えます。だからこそ、「電車で『中ほど』まで進まない人」は一向に減らず、首都圏の通勤電車には今日も、「中ほどまでお進みください」というアナウンスが鳴り続けているのです。

さて、このことがなぜそんなに重要かというと、**これからの時代、企業社会で成功するには「気配りができること」が極めて大切**だからです。

市場や技術が成熟する時代には、大きな成果を生み出せるのは、ほんのひと握りの天才か、強運の持ち主に限られます。そんな環境で、普通の人が周囲から認められ、組織の中に居場所を築いていくには、「あの人と一緒に働きたい」と思ってもらうことがとても重要です。

「機転が利く」という能力はその際、大きな助けになります。大体、ドアの両脇に門番のように立ち、駅に着くたびに乗り降りする人の邪魔になっているような人に、「仕事ができるイメージ」なんて湧きませんよね。

また、川西さんの論理を逆転させれば、気が利く人の多くはビジュアルフィールドが広い（情報収集・観察力が高い）ということになります。このビジュアルフィールドの有無も、これからの企業社会では、評価に差がつく一大要因となります。

いい営業マンはビジュアルフィールドが広い

クルマが売れない時代でもクルマを売り続けている営業マンが日産自動車の販売店にいます。日産プリンス東京販売のC氏で、販売成績は10年以上連続で社内トップ。営業日換算すると約2日に1台売っているような実績の持ち主です。

C氏の営業は、担当エリア内にある住居を見ることから始まります。まず駐車場。年式や外観、タイヤのすり減り具合からクルマの使用年数を推定し、長く乗っているようなら潜在的な購買意欲は高いと判断します。C氏は同時に家の外観も見ます。大きさや構造で居住人数の見当をつけ、干してある洗濯物や自転車などの数と種類から具体的な家族構成と子供の年齢を推定。庭にアウトドアグッズやゴルフの練習ネットなど趣味用品があれば、住人が普段どのようにクルマを使っているのかも推測できます。

こうして、その家のクルマの購買意欲はもちろん、「次に買いたい」と考えている車種のイメージまで絞り込んでから訪問するのがC氏流の営業です。キャンペーンの中身を訴えるだけの普通の販売員と異なり、訪問早々、自分が抱えるカーライフの悩みを占い師のように言い当てるC氏を、多くの顧客は簡単には無視できません。これが、C氏がクルマを売り続けられる最大の理由です。もうお分かりのように、こんな芸当は、ビジュアルフィールドが広くなければ絶対にできません。

「電車の座席選び」を入社試験にするといい

かくしてこれから企業人として成功する上で欠かせない「気配り力」。電車の中で「中ほど」まで進めるか否かが、その〝リトマス試験紙〟になるのであれば、**企業は入社試験の項目に「電車の中での立ち振る舞い」を加えてみる**のはいかがでしょうか。内定候補者をホテルに集め、集団生活させることで「人間力」を判定する企業もあるくらいですから、さほど荒唐無稽な話ではないと思います。

その際、見るべきポイントは「中ほど」まで進むかだけではありません、例えば左ページのような7人掛けの座席があった場合、気が利く人間はどこに座るでしょうか。

答えは①、③、⑤、⑦です。

なぜなら、この4つの席のいずれかに座れば、後から人が来ても最大4人まで、ゆったりと、横の人と一席開けて座ることができるからです。

これがもし②、④、⑥に座ってしまえば、4人がゆったり座ることはできません。

さらに言えば、両端の①、⑦に座ってしまうと、「ドアの両脇に門番のように立ち、シートの縁へもたれる人」からリュックなどをぶつけられるリスクがありますから、本当に危機予測意識や、先を見通す力のある人材は、③あるいは⑤のポジションを最初から取る、との結論になります。

「何を大げさな」と思う人もいるかもしれません。しかし仕事をスマートにこなし、今の時代に成果を挙げている、いわゆる〝できる人〟は、TPOを問わず、無意識のうちに周囲に気を配り、想像力と予測力を働かせ、自分も他人も心地良くいられるよう配慮しているものです。そういう人の周りには自然と人も集まってくる。一

Q. 気が利く人はどこに座る？

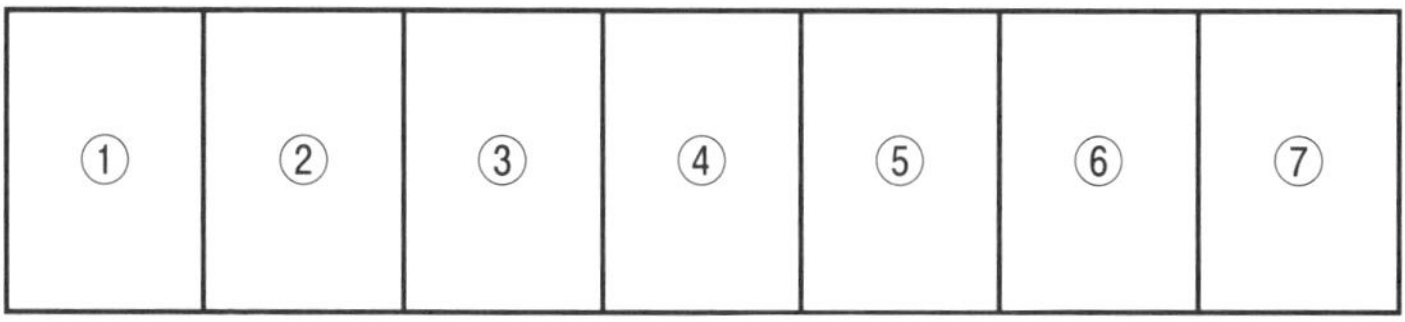

A. 正解は下の通り

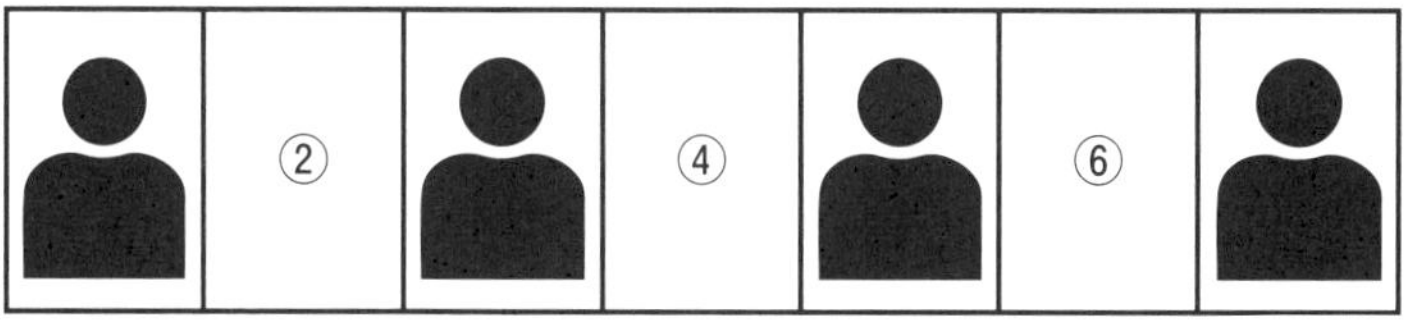

気が利かない人が座るポジション

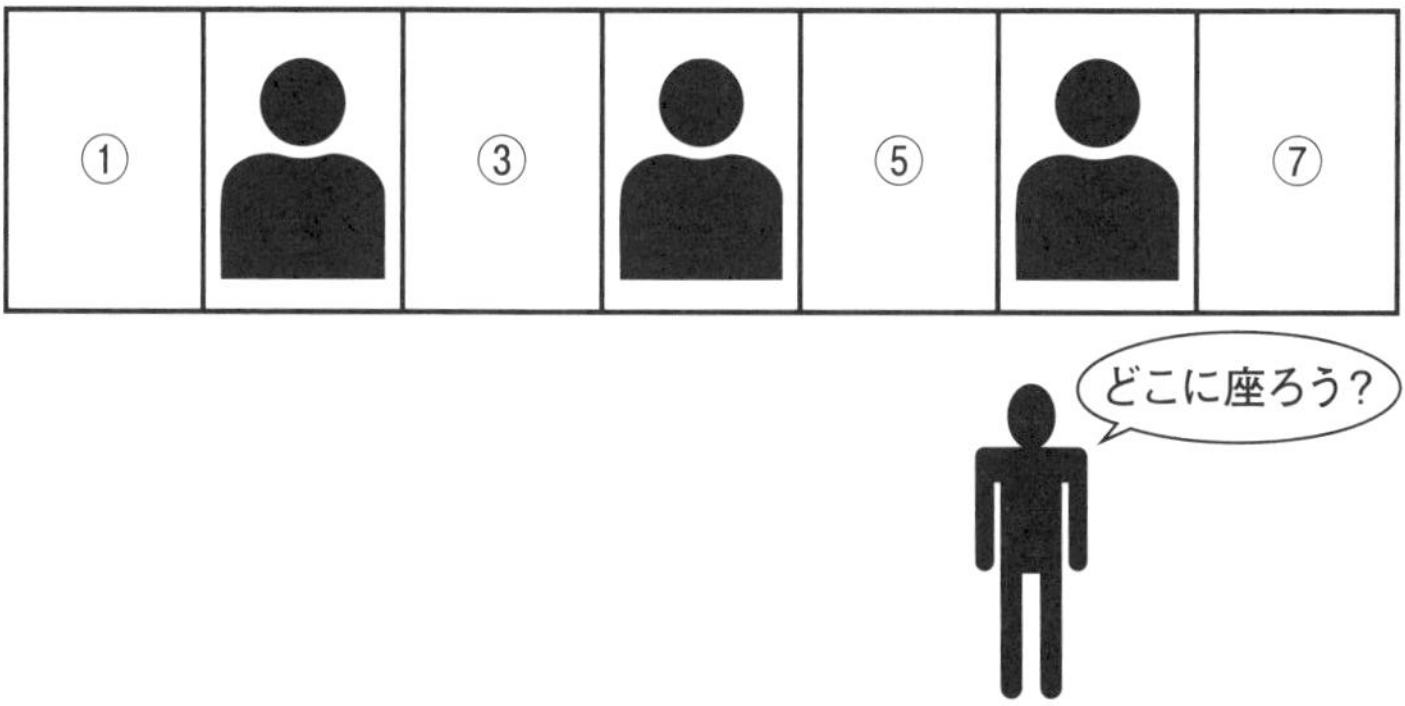

緒にいると心地良いからです。

この〝座席選び〟については、「自分は他人と密着して座っても一向に構わない」という人もいるかもしれませんが、そういう人は、インタビュー中にも登場した「パーソナルスペース」に対する意識が弱い可能性が高い、と言えます。他人との適切な距離感を取るのが苦手なはずで、やはり「電車で『中ほど』まで進まない人」同様、企業社会での成功は覚束ないと思うのですが、いかがでしょうか。

「グロい漫画」が好きな人の末路

トラウマに詳しい日本催眠心理研究所の米倉一哉所長に聞く

インターネットの普及などを背景に年々深刻化する出版不況。そんな中でも、相変わらず社会に強い影響力を持ち続けているのが漫画だ。国境を越えて支持される『進撃の巨人』、映画化された『ＧＡＮＴＺ』『寄生獣』『アイアムアヒーロー』……。この数年だけでも注目作品を挙げれば枚挙に暇がない。

ただ、そうした昨今の人気作品を改めて列挙すると、特に子を持つ親の立場からは、「非常に気になる共通点」があることに気づく。ずばり、作品内に過激な描写が散見されることだ。

「感動」や「仲間との絆」「主人公の成長」などをテーマにした〝普通の作品〟も多数ある中で、あえて〝グロい漫画〟を好む人は、やはり心に闇を抱えているのか。サイコセラピストで日本催眠心理研究所の所長を務める米倉一哉氏に、過激な漫画や映画、小説を好んで読む人の心理について聞いた。

――グロテスクな描写が含まれる漫画や映像作品自体は以前から存在していましたが、ファンは一部のマニアが中心で、今のように一般的な支持を集めることはなかった気がするんです。でも最近は、顔がぐちゃぐちゃになったりする映画の宣伝が平気でお茶の間に流れていて、原作本もよく売れる。その背景に「日本社会の病巣」みたいなものを感じるんですが、気のせいでしょうか。

グロい漫画がヒットする背景に「潔癖すぎる社会」

米倉　いや、大変意味があることだと思います。結論から言えば、今の社会状況が、多くの人がそうした作品に関心を持つ環境を作り出している、ということではないでしょうか。まず、グロテスクな漫画や映画が流行する原因を心理・精神分析的な観点から分析すると、次のように言えるように思います。今は殴り合いや取っ組み合いの喧嘩をすることなんてほとんどない。血を流したり、他人や自分の痛みを知ったりする機会が子供の頃から極めて少ない社会ですよね。「痛み」だけでなく、大人になる過程で、公園で泥まみれになって遊んだり、ミミズを捕まえたり、犬のフンをうっかり踏んだりする場面も、めっきり減りました。

――社会全体から〝グロいこと〟が消えた、と。

米倉　人間は、どんなことでも「自ら体験して、感じたい、味わいたい」と潜在的に願う生き物です。これを〝身体性〟と呼びますが、生々しい実体験がなければ、そうした感情を満足させることができません。ひと昔前であれば、多くの子供が、密かに心に抱える「グロテスクなことや危険なことへの関心・興味」や「周囲への攻撃性」を、思春期に友達と少し羽目を外したり、親に反抗したりして、少しずつ発散させて大人になりました。でも今は、反抗期がない子もいる。そんな「体験したくてもできなかったグロテスクな世界」が漫画に描かれてあれば、そこに興味を引かれるのは、ある意味当然であり、健全な心理なんです。

――なるほど。ただ、それにしても限度があると思うんです。巨人や宇宙人、ＺＱＮ（おそらく謎のウィルスに感染してゾンビ化した人々）、吸血鬼に、登場人物が捕食されたり、手足や内臓を切り刻まれたりするシーンを見て、目を背けないどころか全く気にせず、「来週（次巻）はどんなストーリーになるのかな」とワクワクしてしまうのは、さすがに自分でも心に闇を抱えている気がしてしょうがないんですが（笑）。

米倉　大丈夫です。人間は、何事も経験すると耐性が付く生き物でもあります。最初は「強い」「ひどい」「残酷だ」と感じていた刺激でも、何度も体験しているうちに物足りなくなるのは自然な現象です。

――ならば「最近の『アイアムアヒーロー』は連載開始当初に比べてグロさが足りない」などと不満に思ったり、「グロい漫画」や「後味の悪い映画」ばかりネットで検索したりする自分がいても、決して心に異常があるわけではない、と。

米倉　異常ではありません。むしろ、そうした感情や関心を無理やり抑え込む方が危険です。例えば、子供がその種の漫画を読んでいる事実を知り、全面的に禁止してしまう親御さんがいます。そうすると、「グロテスクなことや危険なことへの関心・興味」が子供の心にずっと「いけないもの」として溜めこまれて、それこそある時、実生活の中で爆発しかねません。本当はこういう自分でありたいのに、親や世間の手前、別の自分にならざるを得ない――。そんなアンビバレントな感情を持ち続けると、人はやがて「自己の不一致」と呼ばれる状態に陥ります。大きな問題を起こしたり、リストカットをしたり、過食・拒食症になる子の多くはこの状態に陥っています。

グロい漫画は子供から取り上げず一緒に読む

米倉　そうならないためには、親は漫画を取り上げるのでなく、一緒に読めばいいんです。その上で、子供がなぜそのような漫画を読みたがるのか「共感」し、「理解」しようと努力する。そうすれば、自分の子育ての問題点が見つかるかもしれないし、子供も時間が経てば、別のことに関心を持つようにもなると思います。逆に、無理やりやめさせようとすると、エスカレートしかねません。

どうしてもその種の漫画やゲームをやめさせたい場合は、こんな方法があります。「子供が、攻撃的でグロテスクなゲームばかりしていて心配だ」と相談に見えられた親御さんがいました。私がその子にどう対処したかと言えば、枕投げをしたんです。枕ですから、ケガをする危険はありませんが、本気で投げ合うと、大人の私でも結構痛い。しかし何週も枕投げをした結果、その子はやがて過激なゲームへの興味を失いました。

――攻撃的でグロテスクなゲームに惹かれるのは、その子が心の中に攻撃性や痛みへの欠乏感を溜めている証拠である、と。枕投げという擬似的な攻撃の応酬でそうした欠乏感を発散させたから、過激なゲームで埋め合わせる必要がなくなった。そういう理屈ですか。

米倉　そうです。ただ多くの場合は、そこまでヒステリックに全面禁止にする必要はないと思いますよ。

――子供に限らず、多くの人が「グロい漫画」を読むことで、心に抱えている攻撃性を実生活で爆発させる前に上手に昇華させているのだとすれば……。

米倉　国民全体でグロテスクな漫画や映画を観賞するのはむしろ、社会の平和にとって「いいこと」だと言えるかもしれませんね。

ただ、これはあくまで、心に溜めこんでいる感情が、「グロテスクな漫画を読む」という他人に迷惑をかけない行為に表れているケースの話です。中には、溜めこんだ攻撃性やトラウマが、犯罪行為や迷惑行為に発展してしまう人もいます。そうした場合は、当然、即刻対応が必要です。

――子供の頃から抑え込んできた感情が成人後、犯罪の原因になる場合もある、と。

米倉　例えば、こんなケースがありました。「自分ではやりたくないのに、どうしても痴漢をやめられない」と相談に見えられた方がいました。グロテスクな漫画を読むことにせよ、痴漢をすることにせよ、人間が何らかの行動、特に社会的規範に照らし合わせてマイナスの行動を起こす時は、そうさせている原因が必ず無意識の世界にあります。そうさせているものを、専門用語で「力動」と呼びます。かつてフロイトが「リビドー」と呼んだものに近いものです。

——多くの人が「グロい漫画」を読む力動は、大抵の場合、幼少期からのグロい経験の欠如と渇望にある、という話でした。

半年間、我が子の手の平を灰皿代わりにした母親

米倉　そうです。では、この相談者が、自分でもやりたくないのに痴漢をしてしまう力動は何なのか。半年間における治療の結果、根本的な原因は幼少期の母親による虐待にあることが分かりました。

その方が小学校に上がる前の話です。母親は夜の仕事をしていて、毎日真夜中に帰ってきていた。いつもイライラしていて、帰ってくると必ずタバコを一服するのが習慣でした。

ある日、母親は帰宅したのですが、灰皿がない。だんだんと苛立つ母親。その方も、母親の怒りを鎮めるために必死で灰皿を探したが、見つからない。その方はどうしたか。自

分の手を母親に差し出した。母親はニヤリと笑って満足げにその方の手の平でタバコをもみ消したそうです。虐待は半年以上続き、数十年を経た今もその方の手の平にはひどいケロイドがあります。

――なんか、漫画より、先生の話の方がグロくなってきました。でも、その虐待経験と痴漢に何の関係が……。

米倉　幼少期の虐待以来、その方は無意識のうちに、「母親への復讐」「女性への攻撃」を心に秘めて大人になったんです。そして彼が痴漢をする最大の理由は、自分の攻撃によって嫌がる女性の苦痛の表情を見たかったからなんです。本人は自覚していませんでしたが。

――ちなみに、その方は今？

米倉　今の心のメカニズムを理解し、その実感を深めることで痴漢行為はかなり減りました。でも完全にはなくならない。そこで最後は、「そんなに長い間、虐待されてきたんだからしょうがない。警察に捕まったら、私が話をしに行きます」と言いました。

――先ほど出てきた「共感と理解」ですね。

米倉　以来、痴漢行為はついになくなりました。彼にとって生まれて初めての〝存在の後ろ盾〟ができたからなんでしょうね。

――なるほど。人間の行動を決める「力動」を見極めることの重要性が分かった気がします。ここでもう一度、「グロい漫画」に話を戻したいと思うのですが、過激な描写でなく、過激な状況にゾクゾクする人も多いと思うんです。塀の中でしか暮らせないのに塀が壊されるとか、少しでも噛まれると終わりとか、ぬらりひょんが強過ぎて1巻かけても倒せないとか、島から絶対出られないとか……。そうした主人公の絶望的な状況に心惹かれてしまうのは、どういう心理状態なのでしょう。

なぜ「ぬらりひょん戦」が最も心に残るのか

米倉　ここでも自己の不一致が関係しています。日本はほかの国よりも自己の不一致に陥っている人が多いんです。なぜかというと、本音と建前が、個人主義の国の人たちと比べて、かなり離れているからです。

――確かに、世間体を気にしますよね。

米倉　例えば、名家に生まれ何一つ不自由のない暮らしを送っていると周囲から思われている人がいたとします。でも、本人は「自分の人生はしがらみにがんじがらめで非常に不幸で絶望的なものである」と思っていたりすることは、結構普通にある。それでも、その人は周囲に対しては、「幸せな自分」を演じなければならない。

――まさに自己の不一致ですね。

米倉　こうした人は、往々にして主人公が絶望的な状況に陥る小説や映画を好む傾向があります。不幸な状況にある主人公を、自分と重ね合わせて共感できるからです。

――なるほど。恐ろしく絶望的なシチュエーションの漫画や映画が流行るのは、「格差社会の中、自分より辛い状況にある主人公を見てほっとしたい心理」あるいは「自分の辛さを誤魔化したい心理」などが背景にあるのではないかと思っていました。

米倉　そういう人もいるかもしれませんが、主流ではないと思います。

結論

「グロい漫画」が好きな人の末路は？

決して「異常」ではない。むしろ人間として自然

解説

米倉さんの話を基に、「グロい漫画」が好きな人の心理状況を整理してみましょう。

①　近代化とともに失われた「グロテスクな世界」に興味を持つのは健全な心理

②　最初は残酷と感じた刺激も、何度も体験するうちに物足りなくなるのは自然

③　「グロテスクなことや危険なことへの関心・興味」を無理に抑え込む方が危険

④　国民全体でグロテスクな漫画や映画を観賞するのは社会にとって「いいこと」

つまり、心理学専門家の視点から見る限り、**自分や子供が「グロい漫画」が好きでも異常でも何でもない、安心しましょう**という結論になります。

どうも現代日本に生きる私たちは、自分の考え方や趣味・嗜好に「平均から外れている部分」を発見すると、「自分は精神的におかしいのかもしれない」と思ってしまう傾向が強いようです。その理由は単純明快で、今の日本にはそれだけ「精神的に疲れた人」がたくさんいるからです。

ブロイラー小屋に送り込まれた中高年社員

150㎡ほどの長方形のフロアに隙間なく長机が並び、約200人の中高年が座っています。机には電話が1台ずつ。フロアの端々で目を光らせる自分の子供ほどの若いスタッフに監視され、黙々と電話勧誘を続けています。

「まるでブロイラー小屋みたいだ」。2010年7月、会社からの命令で、その現場に送り込まれたD氏はそう思ったそうです。

D氏は1991年に大手不動産会社に就職。情報システム部門で働いてきました。ところが、リーマンショックで会社の業績が悪化すると出向を命じられ、2010年、会社が新たに下した命令が、営業販売支援会社への異動でした。雑居ビルの1フロアで電話勧誘をしながら、D氏はそこが〝中高年社員の最終処分場〟であると理解していきます。拘束時間は午前9時から午後6時で、勤務中はトイレに行くにも許可が必要。手を休めるとスタッフの罵声が飛び交いました。

「売る商材は週替わり。30万円の英会話教材など売れない商品ばかりで、1日

200件電話をしても成約することはまずない。監視スタッフにも売る気はなく、送り込まれた人を精神的に追い詰めるのが目的です」。同社を退職したD氏はこう話します。

リーマンショックを契機に、日本の職場環境は大きく悪化しました。職場に余剰人員が増え、D氏のような余分な戦力とみなされた人材は次々に〝処分〟される一方、ラインで仕事をしている中核ミドルにのしかかったのが、過労による健康被害です。成果至上主義の下、仕事ができるミドルほど仕事が集中し、心身ともギリギリの状態にある人も少なくありません。

産業能率大学が従業員100人以上の上場企業の課長を対象に実施した調査によると、約99％が「プレーヤー業務を兼務している」、約54％が「3年前に比べて業務量が増加している」と回答。「メンタルヘルス（心の健康）に不安を感じたことがある」と答えた人は約44％に達しました（「上場企業の課長を取り巻く状況に関する調査（速報版）」2010年）。

「グロい漫画」がヒットする社会が健全だとしても、今の日本社会が健全とは、到底言えない気がします。

外国人観光客が嫌いな人の末路

認知行動療法のスペシャリスト、東洋大学社会学部の松田英子教授に聞く

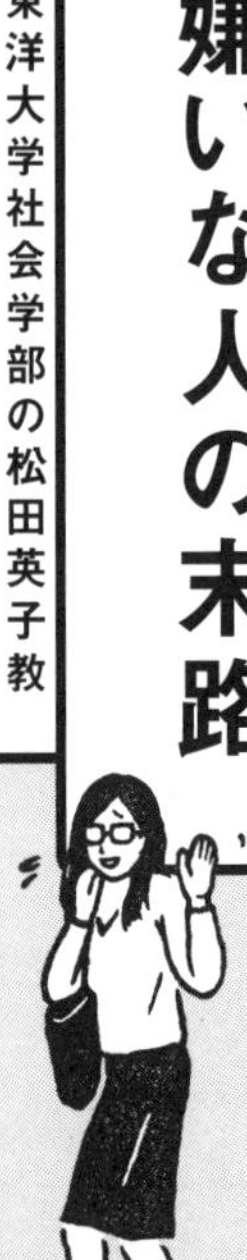

外国人観光客が急増している。高齢化で市場成熟が進む今後の日本は、外国の人々に来てもらい、お金を使ってもらうことが経済活性化に不可欠。政府の観光立国政策は、着実に成功へ向けて前進していると言っていい。

だが、すべての日本国民が、押し寄せる外国人観光客を心の底から歓迎しているかといえば話は別。表向きはそうでも、どこかで、街を埋め尽くす観光客に複雑な感情を抱いている人も少なくないのではないだろうか。

外国人観光客の多くは日本のルールを守っており、一部を除けば迷惑行為などもしていない。「人類は皆兄弟」でもある。それが分かっていながら、せっかく日本に来てくれた方々に、ネガティブな感情を抱くとすれば、レイシスト（人種差別主義者）の素質があると言われても仕方がない――。そう不安に思っている人もいるのでは。外国人観光客に対する日本人の複雑な心情を専門家に分析してもらった。

——というわけで、先生、ずばり聞きます。外国人観光客の集団を見て、心のどこかで複雑な感情を抱いてしまうのは、レイシスト（人種差別主義者）の始まりなんでしょうか。

松田　そんなことはありません。簡単に説明すると、人間は未知の集団に会った時、限られた情報を基に、短時間で相手を判断しなければならないので、敵か味方か、とりあえず分類するようになっています。これは誰もが持つ「認知の構造」です。

この時、「自分たちと異なる集団」つまり「外集団」だと認知すれば、当然、人は警戒します。特にその集団に関する情報が少ない場合、第一印象は、驚きとともに違和感とか拒絶感とかネガティブなものになる可能性が高いと言えるでしょう。

——納得です。10万年とも15万年とも言われる現生人類の歴史で、「敵」と認識した集団にポジティブな感情を抱いたりしていたら、その個体はすぐに淘汰されたはずです。

自分と異なる集団を警戒するのは生き物として当たり前

松田　その際、問題は何をもって敵と味方に区別するかですが、その判断に大きな役割を果たすのが、過去の経験や伝聞など、日頃の生活の中でインプットされる情報から形作られる「ステレオタイプ」という認知的な枠組みです。

例えば、体育会系の集団に遭遇したとしましょう。日頃から体育会系の学生集団に、「礼儀正しい」とか「打たれ強い」といったポジティブなステレオタイプを持っている人は、その集団に所属する個人を「好意を持てる」と分類します。逆に、「自己主張が強そう」とか「粗暴なのでは」とかネガティブなステレオタイプを抱く集団に属する人は、「好ましくない」と分類する。こういう視点で、外国人観光客に対する感情を考えると、どうなります?

――ええと、外国人観光客の国民性などに対して普段から好意的なステレオタイプを持っている人は警戒心なんか湧かない。逆に、敵対的なステレオタイプを持っている人は、心穏やかというわけにはいかない。

松田　そうですね。ここで最初のポイントになるんですが、人間は、外国人観光客に限らず、異文化の人に最初からプラスのステレオタイプはなかなか抱きにくいんです。人間に限らず、多くの生き物は自己保存本能もあって、自分の〝縄張り〟を侵されることに危機感を覚えるようになっていて、異文化の住民にはどうしても警戒心を抱きやすい。

――なるほど。

松田　それにステレオタイプの形成には、メディアの報道も強く影響します。外国人観光客に関するニュースには、ポジティブなものもあれば、ネガティブなものもありますよね。

——はい。日本経済に対するプラスの面などはポジティブな報道です。一方で、使用済みのトイレの紙を流さずに放置したり、ホテルの備品を持ち帰ったり、子供に思わぬ場所で排便させたり、コンビニエンスストアでお金を払う前にアイスを食べ始めて、店員が注意したら暴力に訴えてきたり、観光客が増えて日本企業の会社員が出張先でホテルに宿泊できずに野宿を余儀なくされたりと、ネガティブな報道もあります。

良い噂より悪い噂の方が心に残る

松田　その場合、私たちの心にはどうしても悪いニュースがより強く残ります。幸せ度を高めるポジティブ情報より、ネガティブ情報の方が「情報価値」が高いのです。なぜなら、ネガティブ情報はポジティブ情報より我々の生存や財産にダイレクトに影響を及ぼすからです。

——これまた納得です。サルから進化する過程で、何より必要だったのは生き残るためのネガティブ情報です。「大型獣が来た」とか「嵐が来そうだ」といったネガティブ情報に鈍感な個体は、財産も生命も直ちに失ったに違いない。我々はネガティブ情報に敏感であったが故に生き残った個体の子孫だから、ネガティブ情報が心に残るのは当たり前、と。

松田　最初にお話しした「認知の構造」も同じことが言えます。向こうから敵が来たのにぼやぼやしていたら、生命も財産も守ることはできません。

――とすると、ここまでの話をまとめると、こうなりませんか。①我々は進化の過程で、未知の集団に会うと敵か味方か識別するようになっている、②その識別基準はステレオタイプによる、③異文化の住民には最初からポジティブなステレオタイプは抱きにくい――。つまり、外国人観光客を警戒するのはレイシストの始まりでもなんでもない、普通のことであると。

ウエルカムだけどウエルカムでない微妙な心理

松田　そうです。よく知らない相手にネガティブな気持ちを抱くのは自然なことなんです。でも、その「感情」を「行動」に移したらダメですよ。それは人種差別です。

さらに付け加えると、今の日本人が外国人観光客に抱いている感情はとても複雑だと思うんです。経済的にはウエルカム。でも一方で、自分の縄張りに来ないでほしいという気持ちがある。こういう状況を、心理学的にはアンビバレント（両面価値的）な状況と呼びます。アンビバレントは、「嫌い」よりも厄介な心理で、もやもやした状況が続くことになりかねません。

――分かりました。いずれにせよ、外国人観光客に「イラッ」としても別にレイシストではないと分かり、安心している人は多いのでは。でも、そういう「異文化苦手症候群」は、やはり島国で生まれ育った日本人に顕著なものなんでしょうか。

松田　そういう部分はあると思います。特に、日本は移民の受け入れが少ない歴史があり、これまで異国の方との個人的な交流も少なかった。また、そうした地政学的な問題とは別に、現代日本人のストレスへの耐性の低さも影響しているかもしれません。

さらに私は、日本人の中には生真面目すぎて、外国人観光客と距離を置こうとする人もいると思います。英語が苦手な人などはこのパターンで、例えば道に迷っていても、自分には助けるスキルがない、せっかく日本に来てくれたのに、と罪悪感を持ち、関わりが生じないように距離を取ってしまう。

とにかく相手を知ることが大事

——そういう人は確かに日本人に多そうですね。「異文化苦手症候群」を克服する方法はないんでしょうか。

松田　一つは相手をよく知ること。個人との交流を深め、ネガティブなステレオタイプから生じる感情を修正することが大切です。実際、今の学生は、話を聞いている限り、外国人観光客にさほど警戒心を抱いていないようです。彼らは上の世代よりずっと外国人との交流が多い。アルバイト先に行けば外国人留学生や外国人労働者がいることも多く、仲良くしないとやっていけません。

——若い世代は、英語力も、団塊やバブル世代よりは総じて高いでしょうし。

松田　もう一つは、外国人観光客が何か問題を起こしたとしても、「なぜ彼らがそういうことをするのか」といった動機を知ることです。そうすれば、文化の差で説明可能になり、納得をもって受け止めることができるようになると思います。そのためには、やはり多くの外国人と個人レベルで接したり、外国の文化を学ぶことが必要なんでしょうね。

結論

外国人観光客が嫌いな人の末路は？

決して「レイシスト」ではない。急には無理、島国だもの

解説

松田さんの話を聞いて、ほっとした方は案外多いのではないでしょうか。要は、

①人間の脳は「よく知らない相手」には違和感を抱くようにできている

②外国人観光客のネガティブ報道が多く、マイナスの感情を誰でも抱きがち

③原因は「知らないこと」なので、相手を知るにつれて自然と仲良くなれる

ということですので、**外国人観光客に否定的な感情を持っていたとしても、決して「レイシスト」などではない**、という結論になります。

考えてみれば、短期間にこれだけ多くの外国の方が日本を訪れるようになったの

ですから、多少の混乱は当たり前です。インタビューにも出てきましたが、外国人観光客の増加によるビジネスパーソンにとって最も身近な影響は、出張先のホテルが簡単に予約できなくなったことではないでしょうか。

昭和島と思ったらそこは昭島

大阪府在住の会社員E氏はいつも通り、東京出張のスケジュールを順調にこなしていました。品川、池袋と得意先を回り、夜は有楽町で顧客と会食。一つだけ苦労したのは、宿泊先探しです。急な出張のため当日予約。なじみのホテルは満室ばかりで、空室を見つけても2万円超と、宿泊手当が8000円のE氏には、到底手が出ませんでした。

が、この日は幸いにもネットで8500円の〝昭和島〟のビジネスホテルを確保できました。スマートフォンで調べると、有楽町からはJR、モノレールを乗り継いで約20分。翌日は朝9時から神田で約束があるものの、この程度の距離なら多少深酒しても余裕を持って商談に臨める。E氏は安心して宴席を楽しんでいました。

事態が急変したのは、先方から宿泊先を聞かれてからです。「モノレールの昭和島」と答えたE氏に、先方は「あんなところにホテルがあったか」と首をかしげます。不安になったE氏が確認すると、ホテルの所在地は昭和島ではなく昭島でした。

それから先の〝悲劇〟についてE氏は、記憶が定かではありません。覚えているのは、なぜか池袋経由で向かった結果、昭島が途方もなく遠かったことと、さらにホテルまで駅から10分以上歩かなければならなかったこと。足を棒にして疲労困憊のままホテルにたどり着き、就寝したのは午前3時前。翌日の商談は推して知るべしの結果となりました。

訪日観光客が増加する前は、こんな苦労は決してなかったのですから、誰だって「いい迷惑だなあ」ぐらいは思ってしまいます。その上で、彼らの明らかにマナー違反の行為を目の当たりにしたりすれば、釈然としない気持ちが湧かない方がむしろ不自然です。

もっとも、松田さんの理論では、こうした感情は相手をよく知るにつれて自然と解消されていくといいます。

これからの時代、私たちは、嫌でもグローバル社会を生きていかざるを得ません。

若い世代がそうであるように、やがて周囲に外国人がいることが普通の社会になっていくでしょう。

「これまで〝島国〟で暮らしてきたのだから、『異文化苦手症候群』なのは当たり前。急には無理でも環境が変われば自ずと克服できるだろう」。**普通の人はそのくらいの気持ちで、のんびり構えていてもいい**のかもしれません。

第5章

怠惰な人の末路

癖で首をポキポキ鳴らし続けた人の末路

肩凝り治療の専門家、肩こり研究所の丸山太地所長に聞く

国際競争の激化や人手不足を背景に企業の労働強化が進む中、心身に異常を訴える会社員が増えている。中でも長時間のデスクワークを余儀なくされるホワイトカラーを悩ませているのが〝国民病〟とも言える肩凝りだ。オフィスを見渡せば、わずかでも症状を和らげようと、頻繁に首をポキポキ鳴らしている社員が少なからずいるはずだ。

だが、あの〝首鳴らし〟は我々の想像以上に首に衝撃を与えている、と警鐘を鳴らす専門家がいる。やり方次第ではプロレス技の「パイルドライバー」以上の衝撃となり、頻度によっては生死に関わる重大な病気の遠因となる可能性すらあるという。この瞬間にも日本中のオフィスで繰り広げられているであろう「首ポキ」。その恐ろしさと、正しい肩凝り治療のあり方を報告する。

――まずは肩こり研究所の概要と、設立に至った経緯を教えてください。

丸山　肩こり研究所は、肩凝り治療に特化した鍼灸マッサージ治療院です。

私はもともとスポーツトレーナーになりたくて体育大学に進学し、在学中から様々なアスリートのケアをしていました。その過程で、アスリートのみならず多くの人の悩みの種でありながら、原因や治療法が十分に解明されていない肩凝りに関心を持つようになりました。歴史的な背景に着目すると、日本人は肩凝りに既に400~500年悩まされていると考えられます。安土桃山時代には既に鍼治療が始まっているんです。

――安土桃山ですか。

丸山　「肩凝り」という言葉を広めたのは夏目漱石だと言われていますが、症状自体はずっと前からあって、江戸時代には今で言う〝マッサージ業〟が産業として生まれています。ただ、これだけの歴史があるにもかかわらず、現代に至るまでその原因はよく分かっていないことになっています。医療技術が進歩しても、命に関わる病気ではないだけに、研究の優先順位が下がってしまうのでしょう。

安土桃山時代から日本人を悩ます肩凝りの正体

——肩の筋肉が硬直して血流が悪くなるのが原因だと思っていました。

丸山 それは正しいのです。ただ、肩の筋肉が硬直するのにもまた原因があって、その大元を改善せず、首や肩だけ集中的に治療しても肩凝りが根本的に改善することはない、というのが私の考えです。

私の研究の結論は、肩の筋肉が硬直するのは、主に「胸」「背中」「腰」「股関節周り」「太もも」の筋肉が硬いあるいは弱いから、となります。その結果として負担のかかる姿勢となり、その姿勢が長時間続くことで肩に影響を及ぼします。

一般的に猫背は丸まる姿勢ということで悪いことだと認識されていますが、実は直立しすぎる姿勢も余分な力みを生むこととなり、首や肩に負担をかけてしまいます。また、「姿勢が悪いのは骨にゆがみがあるからだ」という声もありますが、私はそうではなく、あくまで先ほど申し上げた胸や背中、腰、股関節周り、太ももの筋肉に問題があるからだと結論付けています。

――だとすれば、肩周りをマッサージしたり、患部に湿布薬を貼ったりするだけでは、根本的な改善は望めませんね。

丸山　そんな考えの下、新しいアプローチで肩凝り治療をする目的を掲げ、２０１２年に設立したのがこの研究所です。ここでは「胸」「背中」「腰」「股関節周り」「太もも」の筋肉の、ゆるめるべき部分をゆるめ、強めるべき部分を強めることで、肩の筋肉が固まらない体を作っていきます。

――実際に肩凝りが治るのですか。

丸山　はい。週1回、2～3カ月通院していただき、生活習慣の改善など、当方のアドバイスを実践してもらえれば、たとえ60歳以上の方でも現状よりは確実に快方に向かいます。30～40代で来院していただければ、「メンテナンスによって、生涯肩凝りに悩まされない体質になることも可能」と考え、治療に取り組んでおります。

――なるほど。では、そんな肩凝り治療のプロにお聞きします。肩凝りに悩んでいる人の多くがついやってしまう首をポキポキ鳴らす行為。あれは肩凝り解消に役立っているんでしょうか。

首ポキで「一瞬、肩や首が楽になった」は気のせい

丸山　いいえ。首の関節を鳴らすことを私は「首ポキ」と呼んでいますが、百害あって一利なしの行為です。首ポキは、我々の想像以上に首に衝撃を与えていて、頻度によっては生死に関わる重大な病気の遠因となる可能性すらあります。

――生死に関わるとは、首の骨が折れたり、首の血管が千切れたりする可能性があるということですか。

丸山　〝普通の首ポキ〟でそこまでの衝撃はかかりません。

――なら、なんで首を鳴らすだけで死ぬ可能性が……。

丸山　順を追って説明しましょう。まず、今話している首ポキですが、肩凝り同様、なぜあのような音がするのか、正確な原因は分かっていません。ただし有力な仮説はあります。首に限らず、関節は骨と骨が「関節包」という袋のようなものに覆われていて、そこには「関節腔」という隙間があります。関節腔は普段は滑液という一種の潤滑油で満たされています。ここで、普段は動かさない範囲まで関節を動かすと関節腔の容積が増し、陰

圧が発生します。そして陰圧が発生すると、滑液に溶けていた窒素や二酸化炭素などの気泡が発生するんです。

――なるほど。ちょっと難しいですが、とにかく関節を大きく動かすと、関節周りに気泡ができるわけですね。

丸山　そうです。しかしその気泡はいつまでもあるわけでなく、すぐに消滅します。その気泡が消える時に音がパンと発生する。これが首ポキの有力な仮説です。

――音の原因が気泡かどうかは証明されていないものの、いずれにせよ、日常生活ではあり得ない範囲まで首の関節を動かした時に、首ポキが起きる。ここまでは間違いない、と。

丸山　そうです。一方で、首に大きな力を加え、生命に危険が及ぶケースとしては主に2つのパターンがあります。

一つは延髄《えんずい》損傷、もう一つは頸髄《けいずい》損傷です。ともに外部からの強い力で頸椎《けいつい》が脱臼骨折し、その骨が延髄や頸髄を破壊することで発生する症状です。損傷の度合いによっては、人間は死に至ります。

ただ、ここからがポイントなのですが、そうなるのは交通事故や極限状態でのスポーツなど、日常生活では計り知れない衝撃が加わった時で、自分の力では頸椎を脱臼骨折するほど首の関節を動かすことはまずできません。先ほど「〝普通の首ポキ〟ではそこまでの衝撃はかからない」と言ったのはそういう意味です。

怖いのは、不意を突く第三者による首ポキ

――逆に言えば、〝普通でない首ポキ〟なら事故の可能性もあるということですか。

丸山 例えば、第三者によって、不意を突く形で急激に首を動かす首ポキは危険、と私は考えています。人間は身構えている時は大抵の衝撃には対応できます。が、予測できない衝撃には適切な反応ができず、予想以上のダメージが加わることが多いんです。

――分かります。プロレスでは、首に負担がかかる大技がたくさんありますが、〝試合の流れ〟の中で繰り出される限りにおいては、まず事故は起きません。一方で、たとえ小技でも、技を受ける選手が認識していない時に食らうと、大ケガにつながる恐れがあります。

丸山 だから、同じ首ポキでも非常に無防備な状態で受ける、第三者による常軌を逸した急激な首ポキでは、事故につながる可能性がゼロではない、と私は考えています。

――それって、第三者、特に素人による悪ふざけでの首ポキは、プロレス技、例えば「パ

イルドライバー」（脳天杭打ち）などより、危ないってことじゃないですか。

丸山　首ポキの怖さはそれだけに留まりません。自分でやる首ポキでも、高頻度になれば体に深刻な負担を与える可能性があります。関節内は非常にデリケートで、高頻度で首ポキが起こり続けると、頚椎の脱臼骨折まで行かなくても、やはり周辺の組織の損傷を起こす可能性は十分あります。

——周辺の組織というと……。

丸山　動脈です。

——よくガラスの破片で頚動脈を切ったらあっさり死ぬという話は聞きますが。

丸山　影響を受けるのはいわゆるその頚動脈ではなくて、首を流れるもう一つの動脈である椎骨《ついこつ》動脈です。椎骨動脈は第1〜第6頚椎を貫いて脳に至ります。

——ちょうど首ポキ部分を流れるわけですか。動脈が切れちゃうとか？

丸山　いえ、頚動脈の太さはタピオカを吸えるストローぐらいの太さで、触った感じを例えるなら庭の水撒きをするホースを想像してください。非常に頑丈で、私も実際に人体解剖で触りましたが、引き千切ろうとしてもビクともしないであろう強度でした。高頻度の首ポキの怖さは血管自体でなく、血管の内部を傷つける恐れがあることです。傷ついた部分が変性すると動脈硬化が促進されます。そして血栓が形成されやすくなるんです。

――血栓と言えば……。

丸山　そう、椎骨動脈にできた血栓が何らかの影響で脳に進入した場合、塞栓《そくせん》となり、脳梗塞が発生する危険性があります。

受け身が取りやすくなった最近の「垂直落下系」より危険

――だとすれば、自分でする〝普通の首ポキ〟も、回数次第では垂直落下系のプロレス技などより危険ってことになりますね。
丸山　1回まとめますと、首ポキが起きること自体は異常ではありませんし、少なくとも自分で実施する首ポキが直ちに命の危険につながることは考えづらい。しかし、第三者による常軌を逸した施術や、長期にわたり常習的にやっていると、中枢神経を損傷したり、循環器領域での生命を脅かす疾患の遠因になったりすることも考えられる、となります。
――だったら、みんな直ちに止めるべきじゃないですか。
丸山　その通りです。首ポキによって首の不快な症状が消えるならまだしも、そうではありません。一瞬、楽になったように感じるのは、音が鳴ることによる心理的作用によるものと思われ、私の研究による限り、中枢神経を負傷するリスクを抱えてまで首ポキをするメリットは一切ありません。肩凝りの根本的な治療にまず取り組むべきです。

——肩凝りさえ治れば、理屈の上では首ポキをする動機はなくなるわけですから、おっしゃる通りだと思います。様々な専門的アプローチがあると思われますが、その第一歩として、会社員がオフィスで今すぐ手軽にできる肩凝り対策はありますか。

丸山　あります。例えば肩甲骨を動かす体操をするだけで、症状は随分改善するはずです。さらに簡単な方法もあります。視線を上に向けることです。下を向くと、それだけで首の筋肉には負担となります。なるべく日常生活で視線を上に向け続けるとよいでしょう。

——最近のビジネスパーソンの多くは、電車の中でもスマホを見ながらずっと下向き加減で座っていますが。

丸山　あれは最悪の姿勢です。すぐに改善すべきです。オフィスでもなるべく下を向かないようにするのがいいと思います。デスク周りだけでも目線を上げるのはいかがでしょう。椅子の高さを下げ、モニターを上げる。これだけでも効果は望めます。

——なるほど。今後はそんなオフィス家具が脚光を浴びることになるかもしれません。

結論

癖で首をポキポキ鳴らし続けた人の末路は？

思った以上にリスキーな行為。長期的にはパイルドライバーより危ない

解説

些細なことがとんでもない結果につながる。今回はまさにそんな話です。丸山さんの話を聞いて**「首ポキ」を続けようと思った人はいない**ですよね。

「そうは言っても長年の癖だけに、なかなか止められない」と言う人は、肩凝りを根本的に治療するしかありません。丸山さんのアドバイスで言えば、肩甲骨体操も効果がありそうですが、会社や自宅のパソコンモニターの位置を上げるという提案なら、さらに簡単に取り組めるはずです。企業も社員のため、こういうオフィス環境を最初から設計すべきです。

2000年代以降、グローバル化によって競争環境が激化する中で、日本企業は社員のモチベーションを高めようと様々な工夫を凝らしてきました。その典型的なアプローチの一つが、働きやすい（人材が集まりやすい）オフィスを作ることでした。

リゾートオフィスを作るより、PCモニターを高くする

子育て世代のために、事業所と壁一つ隔てて託児所を併設した企業もありますし（岩手県の精密機器メーカー）、新入社員に「こんな汚いところで働くの」と言われたことを機に、リゾート施設のような本社に改装した会社もあります（福井県の部品メーカー）。

また、あるITサービス会社は、四国に古民家を改装した別オフィスを構えています。自然あふれる環境で働いてもらうことで、社員に様々なアイデアを想起してもらうのが目的です。高層ビルの上層階にオフィスを設け、全面ガラス張りの窓にカウンター席を設けたバーを併設するベンチャー企業もありました。社内のコミュニケーションを図るのが狙いでした。

しかし会社をリゾート風に改造するのも、オフィスにバーを設けるのもコストが

かかります。加えて、いずれも効果測定が難しい。例えば、社内に〝飲み屋〟を作ったとしても、アルコール離れが伝えられる若い世代が、どれだけやる気を高めるのか、何とも言えないところです。実際、高層ビルのバー付きのオフィスを構えた会社は2011年3月、民事再生法の適用を申請しています。

こうしたことを考えると、オフィスの工夫で社員のモチベーションを上げたければ、費用対効果のはっきりしない大掛かりな工夫をする前にまず、社員のパソコンモニターの高さを10㎝でも20㎝でも上げてみたらいかがでしょう。工夫次第でいくらでも安く済ませられますし、「姿勢が矯正され、確実に社員の体調がよくなる」という丸山さんの研究結果もあります。

「些細なことがとんでもない結果につながる」こともありますが、**些細なことが大きな物事の解決につながる**こともあると思うのですが、いかがでしょうか。

8時間以上寝る人の末路

睡眠に詳しい国立精神・神経医療研究センター精神保健研究所 精神生理研究部の三島和夫部長に聞く

グローバル競争の激化に伴い深刻化する労働環境の悪化を反映してか、睡眠ブームが続いている。書店には睡眠関連本が並び、枕やマットレスなど最新寝具市場も拡大。正しい睡眠法や睡眠グッズについても様々な主張が飛び交っている。

だが、睡眠時間については「長くても8時間、できればもっと短い方がいい」という意見が圧倒的に優勢だ。実際、短時間睡眠を推奨する書籍は多いが、長時間睡眠を勧める本はあまり見かけない。メディアでも「長時間睡眠は早死にする」といった記事は頻繁に掲載され、有名起業家の自己啓発本などを読むと「睡眠時間は3時間で十分。長く寝る奴は人生をムダにしている。負け組確定」といった趣旨のフレーズが普通に書かれている。読者の中にも、密かに悩んでいるロングスリーパーは少なくないのではないだろうか。

本当にロングスリーパーはダメ人間で、長生きすることはできないのか。

――最近、睡眠ブームですよね。書店には睡眠本が並び、枕やマットレスなど最新寝具市場も拡大しています。ただ、あまりにも情報が氾濫しすぎて、本当はどんな睡眠法や睡眠グッズがベストなのか、混乱している人も少なくありません。「8時間は寝るべき」と言う専門家もいれば、「4時間30分で十分」という偉い先生もいる。そこで今日は、特に睡眠時間を中心に「本当に効果的な睡眠法・睡眠グッズ」について聞きに参りました。

三島　それはまた難しいテーマですね。何時間寝るのが最も健康にいいのか、どんな睡眠グッズを使うと熟睡できるのか、科学的なエビデンスを基に断定するのは難しいことなんです。枕やマットレスメーカーが、何をもって「自社の製品が良質な睡眠につながる」と主張しているかと言えば、例えば被験者に試させて、「何割の人が従来品に比べて『よく寝れた』と答えた」といったデータを根拠にしています。

専門家を困らせる、一部の「対決系情報番組」

――個人の主観でも、十分な量のサンプルがあって統計的に有意なデータが取れれば「効果あり」と主張していいのでは。

三島　それはその通りなのですが、こと睡眠グッズに関しては、統計的に有意なデータを得るのは非常に大変です。先日、あるテレビ局が、「2つの最新枕を対決させる企画をやりたい」と連絡をくれたんです。

——ああ、最近多いですよね、そういう対決系の番組。

三島　話を聞いてみると、かなり大掛かりな実験をやりたいと。ボランティアを集め、数十人ずつ、2つのチームに分けて、それぞれA社とB社の自信作の枕を使って数週間寝てもらう。で、寝心地を採点してもらって勝敗を決めたいと。

——なるほど。

三島　でも、私は「そんなことをしても企画は成功しませんよ」って言ったんです。なぜかと言えば、睡眠グッズについては、「統計的に有意」と言えるほどの差がまず付かないからです。

そりゃあ、木とか石の枕と、最新素材の枕を比べれば、「最新素材の勝ち」という結果は出るでしょう。でも新製品の枕同士なら、大抵は拮抗します。また多くの人は「寝具メーカーが研究を重ねて開発した新製品を比べる」という実験内容を聞いた段階で、「いずれの製品も、家の枕よりは眠れるだろう」と心理的バイアスにとらわれてしまいます。

どちらが新素材なのか、被験者も評価者も分からないようにして比較しなくてはなりません。新薬試験などでは当たり前なのですが、寝具でそこまでやる企業はほとんどありません。いずれにしても新製品と聞いただけで効果が出てしまうのが普通なんです。

――A社製もB社製も同じように高得点が出てしまう、と。

三島　そう言うと、テレビ局のスタッフは「ならば、採点項目を寝心地とか寝つきの良さとか100項目ぐらい作ればどうか」と提案されてきた。大量に項目を作れば、何個かは偶然でも「統計的に有意」と言える差が出る項目があるかもしれない。それを唯一のエビデンスに勝敗を決めたらどうか、というわけです。

――さすがテレビマン。強引（笑）。

白黒が付かないと困るテレビマン

三島　私は医学研究者だから、そんなことは納得できない。確かに評価項目数を増やしていけば統計的有意差が出る項目は必ず出てきます。そのため臨床試験では比較項目は「試験前」に確定しておくのが原則で、後付けで選択してはならないんです。それを許してしまえばどのような試験でも有意差を「作れて」しまいます。「非科学的です」「品格が疑われます」などと言っていたら、連絡が来なくなりました。

――睡眠中の脳波などを調べて、ベストな枕を選ぶことはできないのですか。

三島　睡眠中の脳波などを調べて、快眠が得られる寝具を探す試験を行っている企業もあります。このような姿勢は評価できますが、これはこれで難しい。睡眠脳波で改善が見られても、必ずしも主観的な快眠が得られないこともあるからです。

誤解なきように言いますと、生理学から見て「睡眠に最適な環境」というものは存在します。室温とか湿度とかですね。寝る時の首の角度も、寝やすい角度とそうでない角度があります。でも、それも人それぞれなんです。最適な枕の高さだって人それぞれ違うし、低反発素材のマットレスだって「腰に負担がかからない」などと言われていますが、一方で寝返りが打ちにくく、例えば、睡眠時無呼吸症候群の人が使うのはお勧めできません。

結局、「どんな睡眠グッズがいいか」という質問には、自分が「いい」と思う枕をそれぞれ使うのがいいですよ、という結論になる。

――でも、それって〝テレビ的〟には……。

三島　〝しょぼい〟結論になってしまいますよね。でも、それが事実なんだからしょうがない。だから、私は講演なんかでもあまり評判がよくないんですよ。

――聴衆は「良質な睡眠にはどんな寝具を買えばいいか」を聴きに来ているのに……。

三島　「科学的に証明された快眠寝具はない」って言っちゃうわけですからね。最近は、機能性表示食品制度との絡みもあって、「〇〇成分があるからストレス軽減に効く」とか「〇〇入りで睡眠の質が高まる」と謳っていいか、などという問い合わせが多くて困ります。大抵が過大広告になってしまいますから。

例えば、睡眠や生体リズムを整えるメラトニンというホルモンがあります。メラトニンがお米に含まれていることを聞きつけた業者さんから、「良質な睡眠が取れる米」という打ち出し方をしていいか、という相談があったんです。

――いいアイデアじゃないですか。睡眠ブームの今なら、「眠れる米」はヒット商品になるかもしれません。

「眠れる米」は理論的にはあり得ても……

三島　でも本当に、米に含まれるメラトニン効果を良質な睡眠につなげようと思ったら、毎食3トン食べないといけない計算になる。

――3トン（笑）。

三島　大体、サプリメントなどの栄養補助食品は、栄養不足の人には即効性がありますが、日本人ではそのケースは稀です。普通の栄養状態にある人が服用しても効果があるか不明な点が多いし、長期的に摂取して初めて効果が見込めるものなんですよ。

――でも、世の中には、「サプリメントを飲み始めたら体の調子が良くなった」と言う人も現実にいますが。

三島　そういう人はもともと健康への意識が高く、サプリメント以外にも、日頃から健康的な生活を意識している場合が多い。

サプリメントがテーマのテレビ番組のスタッフから出演やアドバイスを求められることも時折あります。「○○を取れば癌にならない」とかそういう番組、あるでしょう。でも僕はこういうスタンスだから、サプリメントに否定的な見解を示すことが少なくない。そうすると、打ち合わせがかなり進んでいるのに、「先生、この話はなかったことにしてください」と突然言われたりする。確認してみると大抵、番組スポンサーに健康食品会社が名を連ねていることが多いです。

――そんな話を聞くと、情報番組の見方が変わっちゃいますよね。興味深いお話ばかりで、すっかり本題に入るのが遅れました。今回のテーマは「ロングスリーパー」です。

三島　はい。

――昨今の睡眠ブームでは様々なことが言われていますが、睡眠時間については「ロングよりはショートの方がいい」という論調が圧倒的に優勢だと思うんです。実際、短時間睡眠を推奨する書籍は多いが、長時間睡眠を勧める本はめったに見かけない。有名起業家の自己啓発本なんかを見ても、「睡眠時間は3時間で十分。長く寝る奴は人生をムダにしている。負け組確定」と、ダメ人間のように言われます。

「ロングスリーパー＝ダメ人間」か、ついに判明

三島　なるほど。

――一方、長時間睡眠は早死にするという記事も見かけます。素人考えでは、むしろショートスリーパーの方が不健康・短寿命になる気がするのですが。

三島　結論から言えば、極端なショートスリーパーの群も極端なロングスリーパーの群も

平均すると生活習慣病や心臓病の罹患率、そして死亡に至るまでさまざまな健康指標が悪化します。ただし、ショートスリーパーやロングスリーパーの中にも健康な方はいます。

——どういうことでしょう。

三島　つまり、こういうことなんです。睡眠グッズと同様に、睡眠時間にも人それぞれ最適な時間があります。睡眠を自動車製造の工程に例えて説明しましょう。自動車工場では、鋼板を加工し、溶接し、塗装し、内装品を取り付けて、と手順を踏んでクルマの形にしていきますよね。人間の睡眠も寝ている間に、細胞を修復する工程、記憶を定着する工程、免疫細胞が抗体を作る工程など、だんだんと体や脳を再生していく仕組みになっています。各工程はそれぞれ特徴的なタイミングで、時には並行して進みます。

重要なのは、自動車が車種ごとにリードタイムが異なるように、睡眠も個人によってすべての工程を完成させる時間が異なることです。平均的には7〜8時間と言われていますが、当然個人差があって、3時間で全工程が完了する人もいます。中には一部の工程が不要な人もいるでしょう。こういう人は短時間睡眠でも全く問題がない。

——なるほど。

三島　でも、7時間が最適な睡眠時間の人が、3時間しか寝なければ、自動車工場で言えば毎日、未完成の不良品を生産しているようなもので、当然、不健康になっていきます。

——睡眠時間が長い短いよりも、今の睡眠時間が、自分が本来必要としている時間に合っているかどうかが重要というわけですか。

三島　そうです。先天的なショートスリーパー体質であれば、短時間睡眠でも問題がないが、本当は7時間必要な人が3時間睡眠を続けていると体調は悪くなります。

——だとすると、こういうことが言えませんか。長時間睡眠自体が悪いわけではない。本来7時間睡眠で十分な人が怠けて十数時間も寝ていれば、そりゃあ体もおかしくなる。でも、生粋のロングスリーパーが長時間睡眠するのは問題ないと。

三島　ロングスリーパーに関しては未解明な部分が多く何とも言えませんが、理屈の上では、そういうことが言えるかもしれませんね。10時間以上寝ていたというアインシュタインなんかそうだったのではないでしょうか。

——少なくとも「ロングスリーパー＝ダメ人間」とは限らない、とは言えそうですね。

結論

8時間以上寝る人の末路は？

適切な睡眠時間は人それぞれ。「長く寝る＝ダメ人間」は間違い

解説

テレビの対決系情報番組の裏話など、本論とは関係ないところで話が盛り上がってしまいましたが、要はこういうことです。

① 科学的に何が良い睡眠グッズか、判定するのは難しい

② 本人が「しっくりくる」と思う睡眠グッズこそが、良い睡眠グッズ

③ 自分に適した長さの睡眠時間をとることが一番健康にいい

インタビューでも触れましたが、世の中にはなぜか「睡眠時間は短い方が格好いい」とばかりに睡眠時間の短さを自慢する人が少なくありません。

が、三島さんの話を聞いて、「ロングスリーパー＝ダメ人間」とは限らない、ということがよくお分かりになったかと思います。睡眠スタイルもまた、不動産の購入や出産、キャリアプランなどの人生設計と同じく、**世の中の情報に踊らされるのでなく、自分に合う形を見つけることが大事**、ということなのでしょう。

テレビマンの事情も鑑みて番組を見る

そもそも、三島さんが話してくれたテレビの対決系情報番組の内幕を知れば、睡眠時間に限らず、世の中にあふれる様々な情報の多くがかなりいい加減なことが見えてきます。

①　対決系情報番組の中には、採点方法を恣意的に変えて、強引に白黒をはっきりさせている場合がある

②　テレビ的ではない（台本に合わない）コメントをする専門家は敬遠される

重要なのは、ここでテレビ番組を制作している人の不誠実を嘆いても意味はないことです。テレビ番組は面白くなければなりません。対決した結果が曖昧だと視聴者は混乱しますし、何より面白くありません。テレビマンとしては、そんな番組を作るわけにはいかないのです。

ではどうすればいいか。**情報を提供する側の〝事情〟まで考え、何でも鵜呑みにせず、上手に情報を摂取する**しかありません。

①　対決系情報番組や健康番組は〝話半分〟で聞く

②　テレビの情報にすぐに飛びつくのでなく、自分なりに分析してから実行する

情報化社会に生きている以上、情報を全く遮断して生きるのは難しい。でも、いちいち情報に踊らされていては、時間がいくらあっても足りないと思うのですが、いかがでしょうか。

いつも不機嫌そうな上司の末路

アンチエイジングに詳しい美容コンサルタントの平松由貴氏に聞く

「年上と思っていた取引先の担当者が、実は年下と知って驚いた」「趣味を通じて出会った知り合いに、同世代だと思ってタメ口をきいていたら、本当はかなりの先輩だった」――。そんな経験を持つ人は少なくないはずだ。

人間は年を取れば取るほど老け方に差が出てくるものと分かってはいても、「それにしたって同世代なのに老け過ぎ（若過ぎ）では」と驚く場面は、特に40代以降、急速に増えてくる。

なぜ同じ40～50代でこうも老け方が違うのか。出世にすら影響しかねない「老け具合」の根本的な原因を美容の専門家に聞いた。結論は一つ。「部下になめられないように威厳を出そうといつも機嫌悪そうにしている人」は、その分、確実に老けやすい、ということだ。

――夏と言えばお盆。お盆と言えば帰省。帰省と言えば同窓会です。

平松　はい。

――でも多くの人は同窓会に出席しても、ドラマのように、「失った時間を取り戻すロマンスの予感」などが脳裏をよぎることはほぼ絶対にありません。むしろ脳裏をよぎるのは、「なぜ同い年なのにこうも老け方が違うのか」という驚きです。

平松　なるほど。

――そこでお聞きします。なぜ人間は年を取るほど老け方に差が出てくるのでしょうか。老けやすい人とそうでない人は、遺伝によってあらかじめ決まっているのでしょうか。

平松　遺伝の影響が全くないわけではありませんが、それは一部で、大半は生活習慣によって決まります。実年齢より年上に見られる人には、いくつかの共通項があります。

最も影響が大きいのが顔のたるみとシワです。中でも「目の下のたるみ」「眉間のシワ」「ほうれい線」の3つの老化現象は要注意です。それらはいずれも基本的に、遺伝というより生活習慣に由来します。例えば、普段からしかめっ面をして険しい表情をしている人は、やはり眉間にシワができやすい。若くして管理職になり、威厳を出すため無理に迫力を出そうとしている方などは気を付けた方がいいと思います。

〝不機嫌上司〟は同窓会で確実に嘲笑

――仮にそうだとしても、そういう人は若さと引き換えに出世を手にするわけですから、本人的には満足なのでは？

平松　残念ながらそううまくは行きません。いつも厳しい表情では、部下は言いたいことを言えないし、取引先からも敬遠されます。やがて出世競争から遅れかねません。

――でも、強面《こわもて》を武器に出世している方も結構多いように思えますが。

平松　例外的にそういう人もいます。私の知り合いの社長さんはまさにそうで、普段はとても怖く見える。でも話をすると、面白くて表情豊かになります。その落差で、周りの人の心をつかんでしまいます。

――人間的な魅力や実力がないのに、眉間にシワを寄せて格好だけつけても……。

平松　ただ単に人より早く老けるだけ、ということになりかねません。ほうれい線も日常生活の習慣が色濃く反映されます。例えば、普段から大きな口を開ける癖がある人は、ほうれい線が出やすくなります。ほうれい線の原因となる筋肉は「上唇挙筋《じょうしんきょきん》」「大頬骨筋《だいきょうこっきん》」

「小頬骨筋《しょうきょうこつきん》」などです。筋肉は使いすぎると固くなり、収縮します。収縮すると当然、その上にある皮膚にはたるみが出ます。

――なるほど。

平松　目の下のたるみも要警戒です。それ自体、老けて見える原因になりますし、この部分の皮膚に凹凸ができると、影でクマができたようになります。若い人たちの血流不足によるクマや、目をこすってできるクマとはまた別のもので、とても疲れて見えてしまいます。

――確かに目の下のたるみは辛いですよね。姿勢が良くて顔立ちがいい人でも、それだけで一気に年老いた雰囲気が出てしまいます。

平松　そうした皮膚のたるみに加え、「目力」も重要です。目が生き生きしていないとやはり老けて見えます。

――目力こそ、目の形とか瞳の色とか、遺伝で決まってしまう気がしますが。

平松　それは誤解です。目力で重要なのはまず白目のきれいさです。普段から目が紫外線を浴びすぎると白目が黄色くなっていきます。また、まぶたが下がってくる眼瞼下垂《がんけんかすい》も目力を失わせます。年を取れば誰にでも起きる現象ですが、例えばスマホの利用時間が長い人は平均よりも早くまぶたが下がりやすい。

そのほかにも、普通より老けて見える原因には「しみ」「姿勢」「薄毛」などがありますが、「紫外線を浴びすぎる」「大腰筋が衰える暮らしをしている」など生活習慣に起因するものが少なくありません。

「老けたな」と囁やかれないための心得

——なるほど。では、生活習慣を具体的にどう改善すれば、同窓会で「うわぁ、あいつ老けたな」と囁やかれずに済むのでしょうか。

平松　ポイントはいくつかあります。まず、これまで申し上げた「顔にたるみやシワを作り、目力を落とす原因」を日頃から作らないことです。

——「眉間にシワ」をやめ、「大口」を開けず、「スマホ」をやり過ぎない、と……。

平松　紫外線対策としてゴルフも控えめな方がいいと思います。

——「ゴルフ」もダメと……。

平松　食生活も重要です。まず、「お酒」と「高脂肪食」を控えることです。お酒や高脂肪食は活性酸素が発生し、細胞をさびさせます。逆に言えば、肌のたるみもしみも、この細胞のさびを抑えるだけで確実に進行を遅らせることができます。「麺類」「ご飯」などの糖質も取り過ぎてはいけません。体内のタンパク質と結合して糖化という現象が起き、その結果、肌が固くなり、くすみが生まれます。

――「お酒」もダメ、「〆のラーメン」もダメと……。

平松　「〆のお茶漬け」もよくありません。そして、食生活以上に大敵なのはストレスです。お酒同様、ストレスは活性酸素を発生させます。それに、ストレスで交感神経が活発化している状況で、ほこりなど外部からの刺激を肌が受けると炎症が起き、やはりしみやくすみの原因になります。ストレスの軽減には、睡眠を取ることも重要です。

――「仕事上のストレス」、「睡眠不足」もバツと……。って、お話を聞いていると、日本のミドルの大半は、老化なんて防ぎようがない気がするんですけど。会社員である以上、「仕事上のストレス」「睡眠不足」は付きものですし、少しでも上を目指そうとすれば、「お酒の席」や「ゴルフ」「眉間にシワで部下に説教」「〆のラーメン」とも全く無縁というわけにはいきません。

平松　それでも工夫の余地はあります。例えばお酒の席でも、アルコールはすべてダメというわけではなく、適量の赤ワインなら問題ありません。抗酸化作用があるポリフェノールが含まれていますから、むしろ肌にいい。おつまみも、同じく高い抗酸化作用があるアスタキサンチンが豊富なものを意識して注文するといいと思います。エビやカニなど、甲殻類の殻やサケ科魚類の赤い部分に多く含まれます。サーモンやいくらなどですね。コンニャクも肌にいいです。

――仕事上、回避できないお酒の席では「赤ワイン」「サーモン」「コンニャク」と。

平松　仕事をしている時もできることはあります。例えば、目力を決める白目を保護するには、会社員の方も外回りの時にサングラスをつけるといいです。

――少なくとも今の日本では、サングラスをつけて営業していると変わった人と思われそうですが。

平松　私は、クールビズでネクタイを付けなくても特に失礼と思われない空気が定着しつつあるように、「営業職の方のサングラス着用」が当たり前の社会になればいいと思っているんです。

また、十分な睡眠時間が確保できない人は、睡眠の質を高めるといいです。難しいことではなく、例えば部屋を真っ暗にして寝ると睡眠の質が上がります。あるいは、部屋は明るくてもアイマスクをすればいいと思います。また、寝る1時間前にはＰＣやテレビを消して、照明を落とした部屋で過ごすのも睡眠の質を高めます。

「子持ち＝老けやすい」というわけではない

――そうやって日常生活や仕事上で若さを保つ工夫はできるとしても、肝心のストレス対策はどうすればいいのでしょう。仕事をしている以上、ストレスそのものをなくすことはできません。仕事だけでなく、子育ての苦労なども当然、老化には影響するわけですよね。子育て経験を持つ人はそうでない人より老けやすいとも聞きます。

平松　そこは考え方次第だと思います。同じ子育てでも、ポジティブに向き合えている人は強いストレスにはなりません。これは仕事でも同じです。子育ても仕事でも嫌々やっていれば、それはすべてストレスになります。

――運動でストレスを解消するのはどうでしょう。

平松　運動の種類にもよります。例えば、老けて見える姿勢にならないために大切な大腰筋の鍛錬などは効果的です。ジムで本格的なトレーニングなどをしなくても、例えば階段を一段抜かしで上るとか、ちょっとした心がけでも随分違ってきます。一方で、ジョギングなどは無理するとかえって老化が早まりかねません。

――週末、無理なペースでジョギングをして、ランナーズハイになることで、脳内麻薬物質（エンドルフィン）を出して、日常のストレスを発散しているような人も少なくありませんが。

平松　そういう人は活性酸素が増えかねません。

やりたいことをやり、嫌なことはしない

――そう考えると、結局、「自分がやりたいと思うことをする」「嫌だなと思うことはやらない」がストレスを低減し、老化を防ぐ最も大切なポイントに思えてきます。

平松　そうです。

――ただ、多くの人は好きなことだけして生きるのは難しいですし、多少のストレスは抱えざるを得ない。もう少し手軽に老化を防ぐ方法はありませんか。例えば、アンチエイジング化粧品などを使って……。

平松　基本的に、肌にいろんなものを塗るのは良くないことだと私は思っています。

――こんなにたくさんアンチエイジングを謳った化粧品が出ているのに？

平松　女性の場合、メーク落としをするのは仕方がないにしても、洗顔も控えめにした方がいいし、化粧水もあまり使う必要はないと思います。よく「有効成分を肌に染み込ませる」を謳い文句にしたスキンケア商品がありますが、染み込んでいるのは肌のほんの表面（角質層）です。

――となるとやはり、実年齢以上に老けないためには、日常生活や人生観を改善してストレスのない生活を送るのが一番だ、と。

平松　それが、実年齢より若く見える人たちの大きな共通項であるのは間違いありません。

結論

いつも不機嫌そうな上司の末路は？

同窓会で老けたと笑われ、肝心の出世も遠のく

解説

どこの会社にも、いつも不機嫌そうにしている上司がいます。生まれつき〝そういう顔〟という場合もあるでしょうが、平松さんが指摘するように、「威厳を出すため、無理に迫力を出そうとしている管理職の方」も、無意識のうちにそうしてしまっている人まで含めれば、相当な数に上る気がします。既にお読みいただいたように、そういう方の末路は、以下の通りです。

① 顔のたるみが目立つようになり、同窓会で「老けた」と噂される

② 部下は言いたいことを言えず、取引先からも敬遠され、出世競争からも遅れる

まさに踏んだり蹴ったりとはこのことで、**一刻も早い自覚と、意識して穏やかな表情を保つ訓練が必要**ということに異論がある人はいないでしょう。

そもそも、「怖い顔をしていれば、部下になめられない」というのは誤解だと思います。部下になめられないための一番の方法は、仕事で成果を出すことであって、怖い顔をすることではありません。的確に指示を出し、自ら確実に結果を叩き出す。

それさえできていれば、どんな表情をしていても、部下からなめられることはないはずです。

上司にとって致命的なのは「がっかりさせること」

私が所属する「日経ビジネス」では、「良い上司、悪い上司」といった企画を定期的に実施していますが、そこで抽出される「なめられる（信頼されない）上司像」は毎回、ほぼ同じです。結論から言えば、上司がなめられるきっかけは、ずばり、部下をがっかりさせてしまうことです。上司を見てがっかりするポイントは、部下によって様々です。

① ここ一番で決断力のなさを露呈する

② 易きに流れる

③ 長いものに巻かれる

④ 虫の居所が悪いとすぐ声を荒らげる

こういう上司の態度を目の当たりにすると、どんなに日頃迫力があろうが、部下は一瞬にして醒めてしまいます。むしろ普段、周囲を威圧している人が、こういう〝がっかりなこと〟をすれば、その落差で余計、信頼をなくしてしまうことでしょう。

上司やリーダーは嫌われてもいいが、がっかりされたらおしまい、というわけです。

「近づき難い迫力」などというものは実績を積み重ねる中から自然に身に付くものであり、意識して作るものではない、ということなのでしょう。

体が硬い人の末路

柔軟法に詳しい真向法協会「健體康心」の小野将広編集長に聞く

たった4つの動作を朝夕続けるだけで、生涯健康を維持できる。そんな触れ込みの画期的健康法が注目を集めている。誰でもいつでも畳1枚ほどの広さがあれば取り組め、高額な健康器具やサプリメントも必要ないという。怪しい健康術でも何でもない、明治時代から伝わる真向法だ。「人間は体が硬いとあらゆる部分に問題が発生する」「下半身の血流さえ問題がなければ、健康はある程度保てる」。そんな思想をベースにした体操で、朝晩3分の時間で実践できる。

多くの人が健康を増進するためにお金と時間を使っている今、本当にそんな健康法があれば便利なことこの上ない。一体どんなものなのか。なぜそれにより健康でいられるのか。詳しい話を聞いてきた。

そこから見えてくるのは、体が硬い人の悲しい末路だ。

――まずは、真向法の歴史をお話しください。

小野　真向法は、創始者である長井津《わたる》先生が創案したものです。福井県の浄土真宗のお寺に明治22年（1889年）、三男として生まれた創始者は、商売で身を立てようと上京。大倉財閥を一代で築いた大倉喜八郎に師事します。商売に励み、地位も財産も手に入れましたが、42歳の時に脳溢血で倒れ、半身不随になってしまいました。

失意のまま里帰りした創始者はしばらく希望のない生活を送っていましたが、ある時、漫然と死を待つより、心だけでも救われたいと経典を読み込むようになりました。そして、経典の中のある言葉に出合います。

柔軟体操で半身まひを克服した創始者

――どんな言葉でしょう。

小野　「頭面接足礼《ずめんせっそくれい》」という言葉です。古代インドの礼法の一つで、両手を伸ばして掌で相手の足を受け、相手の足に自分の額をつけ、拝むことです。

――両手を伸ばして相手の足を……。言葉ではイメージするのがちょっと難しいですが、その頭面接足礼を創始者はどうされたのですか。

小野　実際に自分でもやってみようと思われた。「頭面をもって御足に接して礼し」。このような礼拝は、相手をよほど尊敬し、自分のすべてを委ねる気持ちがなければできません。お釈迦様の教えを学ぶということは、まずはそうした「形」から入ることだと気づかれた。ところが手も足も硬く、曲げようにも曲がらない。ここで創始者は、「この体の硬さこそが脳溢血を引き起こした」と悟ります。

それから3年、創始者は少しずつ体を柔軟にし、その結果、硬直しきっていた腰が柔らかくなり、不自由だった半身が大きく改善したと言われています。こうして礎を築いた真向法はその後、理論的にも体系づけられ、筋肉を若々しく、血流をスムーズにし、消化を助け、免疫力の増強やストレスの解消、熟睡、老化防止、心の病、頭脳の活性化など、様々な効果があるとして、文部科学省の認可団体にもなりました。現在、真向法協会は、公益社団法人として組織され、全国に多数の会員がいます。

——世の会社員の中には、大変なお金と時間を使って健康を維持している方がたくさんいらっしゃいます。本当に4つの柔軟体操だけで健康になれるなら画期的だと思うのですが、とりあえず読者の皆さんにどんな体操か見てもらってもよいでしょうか。

■真向法「第一体操」

■真向法「第二体操」

注：図はいずれも、本書向けに編集部で作成

小野　分かりました。まず、第一体操は、仙腸関節・股関節を柔らかくする体操です（236ページ上の図）。

――さすがに効果があると言われるだけあって、第一体操からなかなか難しい動きですね。

小野　人間は老化するに従って、「持久力」「瞬発力」「筋力」はどんな人でも少しずつ衰えていきます。でも「柔軟性」だけは年を取っても向上させ続けることができます。よく「自分は生まれつき体が硬くて」と言う人がいますが、そんなことはありません。筋肉を使っていないだけなんです。真向法の第一の狙いは姿勢を良くすることです。姿勢が悪ければ血液の流れは悪化し、脊髄や神経も圧迫され、内臓の機能低下など様々な病気を引き起こす原因になります。

――なるほど。では第二体操もお願いします。

小野　大腿二頭筋、下腿三頭筋などの屈筋、すなわち脚の裏筋を伸ばします（236ページ下の図）。

――これはかなりの人が苦手なのでは……。

小野　人間は脚から衰えていくと言われていますが、これは本当のことで、脚の裏筋やアキレス腱が萎縮すれば、確実にヨボヨボになっていきます。苦手な人が多いということはそれだけ、脚の裏筋やアキレス腱が萎縮している人が多いということだと思います。

――柔軟性を高めるだけで、筋トレなどはしなくてもいいんですか。

小野　少なくとも日常的に使う生活筋肉については、真向法をやっていれば鍛えられます。例えば、第一体操をやってみてください。体を前に倒した後、起き上がる時、体を反らしていく。すると背筋が鍛えられます。逆に「柔軟な体」という器がない段階で筋肉だけを鍛えても体の調子はかえって悪くなることが少なくありません。

4つの動きだけで、生活に使う筋肉は維持できる

――真向法をしっかりやっていれば、生活で活用する最低限の筋力は維持できる、と。

小野　可能であれば、真向法に加え、ウォーキングをすると効果的です。

――分かりました。では続けて第三体操もお願いします。

小野　内転筋を伸ばして、骨盤を広げる運動です（239ページ上の図）。

――一つ一つの体操ごとに、ほぐされる筋肉が違います。

小野　第一体操は脚の外、第二体操は後ろ、第三体操は内。そして前を伸ばすのが第四体

■真向法「第三体操」

■真向法「第四体操」

操です（239ページ下の図）。第一から第三までは10回ずつ2～3セット。第四体操は反復運動せず、1分くらい力を抜いて倒れたまま腹式呼吸を続けます。

——これですべての体操が終わりました。下半身中心です。

小野　真向法をやっていれば自然と上半身の筋肉も動かすことになります。

——なるほど。ただ、たった4つと言っても、一つ一つの運動は相当難易度が高そうです。

小野　真向法は上手にできるにこしたことはありませんが、最初は上手くできなくても続けることが大切です。年齢や筋肉の硬化度などで個人差はありますが、習熟するには3年くらいはかかります。少しずつ少しずつ、無理をせずに続けていくこと。どんなに忙しい人でも朝夕3分程度の時間は確保できるはずです。それさえ確保できない場合は、1日1回でも構いません。

——会社員も40代になると、休日に無理に運動してケガをするケースも少なくありません。真向法の効果がそこまであるとすれば、40歳過ぎたら筋肉を鍛えるより、柔らかくする方を優先すべきなのかもしれませんね。

結論

体が硬い人の末路は？

体が硬いのはとにかくやばい！4つの柔軟体操だけはやっておけ

解説

健康ブームが続いています。糖質制限ダイエットは女性のみならず男性まで巻き込み大流行していますし、多くのビジネスパーソンが健康維持に関心を抱くようになりました。

しかし、どんな健康法も続かなければ意味はありません。その点、今回取り上げた真向法は、持続可能性という点で、優れた健康法と言っていいと思います。たった4つの柔軟体操を、1回3分間するだけで健康が維持できるというのですから。創始者が言っておられるように、「人間、体が硬いとあらゆる部分に問題が発生する」「下半身の血流さえ問題がなければ、健康は大きく増進する」とするなら、**すぐにでも挑戦すべき健康法**と言えるでしょう。

ただし、日本のビジネスパーソンが本当に健康を維持して長生きしたいのであれば、体を柔らかくするだけでなく、様々な問題をクリアしなければなりません。その一つが、もはや国民的課題とも言える長過ぎる残業時間です。

バブルが崩壊し、効率性を高めようと、日本企業は様々な残業削減策に取り組んできました。裁量労働制やフレックス制、在宅勤務、サマータイム、早朝出勤制などを導入し、「ムダのない働き方」を目指した企業もあれば、定時消灯や罰金制、事前申告制などにより、半ば強引に労働時間の短縮を図った企業もあります。社員に定時帰宅を促す「ノー残業デー」を設置するのも定番になってきました。

さて、これだけやって、日本企業の残業はバブル崩壊直後に比べどれだけ減ったのでしょうか。

その答えは、「大して変わらない」です。厚生労働省の「毎月勤労統計調査」によると現在、パートタイム労働者や短時間労働者以外の一般労働者の年間総労働時間は2026時間(2015年)。1995年の2038時間とほぼ同水準で、横ばいを続けています。

なぜなのでしょうか。「日経ビジネス」は、過去幾度もこの残業問題を取り上げ、既に一つの結論にたどり着いています。それは、「日本人の残業が減らないのは、家に帰りたくないから」です。

多くの人は、残業削減のメカニズムを次のような公式でとらえています。

残業削減＝仕事の絶対量の減少×効率向上

だがこれは不完全で、正しい公式はこうなります。

残業削減＝仕事の絶対量の減少×効率向上×社員の家に帰りたい気持ち

新たに加わった3つ目の要素は強力で、これが足りないことこそが、日本の残業が減らない根本的な原因です。

では、なぜ日本人は家に帰りたくないのでしょうか（帰りたくても組織的圧力で帰ることができなかったり、会社の人員構成上の問題などで仕事量が常軌を逸したりする、いわゆるブラック企業の残業については、ここでは触れません）。

様々な理由が考えられますが、最も有力なのは、**日本では残業すれば出世する仕組み**（残業しないと出世できない仕組み）になっているからです。

残業しないと出世できない日本企業

誰もが薄々感じていながら実証できなかった、この身も蓋もない事実をデータで証明したのが、経済産業研究所です。同研究所は、ある大手メーカーの人事データを用いて、男女とも労働時間が長いほど昇進確率が高まる傾向にあることを実証しました。

長く働くから出世するのか、出世するから労働時間が延びるのか。ここでその因果関係を解明することにあまり意味はありません。大事なのは、「日本企業では、残業しないと、会社の中枢にいられる確率が下がる」という最終的な事実だけです。

誰だって仕事を効率よくこなすことより、中長期にわたって会社に居場所を作ることの方が大切です。このため多くの人は、会社に残業をやめろと言われても、おいそれと帰宅するわけには行きません。

ある大手メーカーにおける労働時間の長さと昇進確率の関係

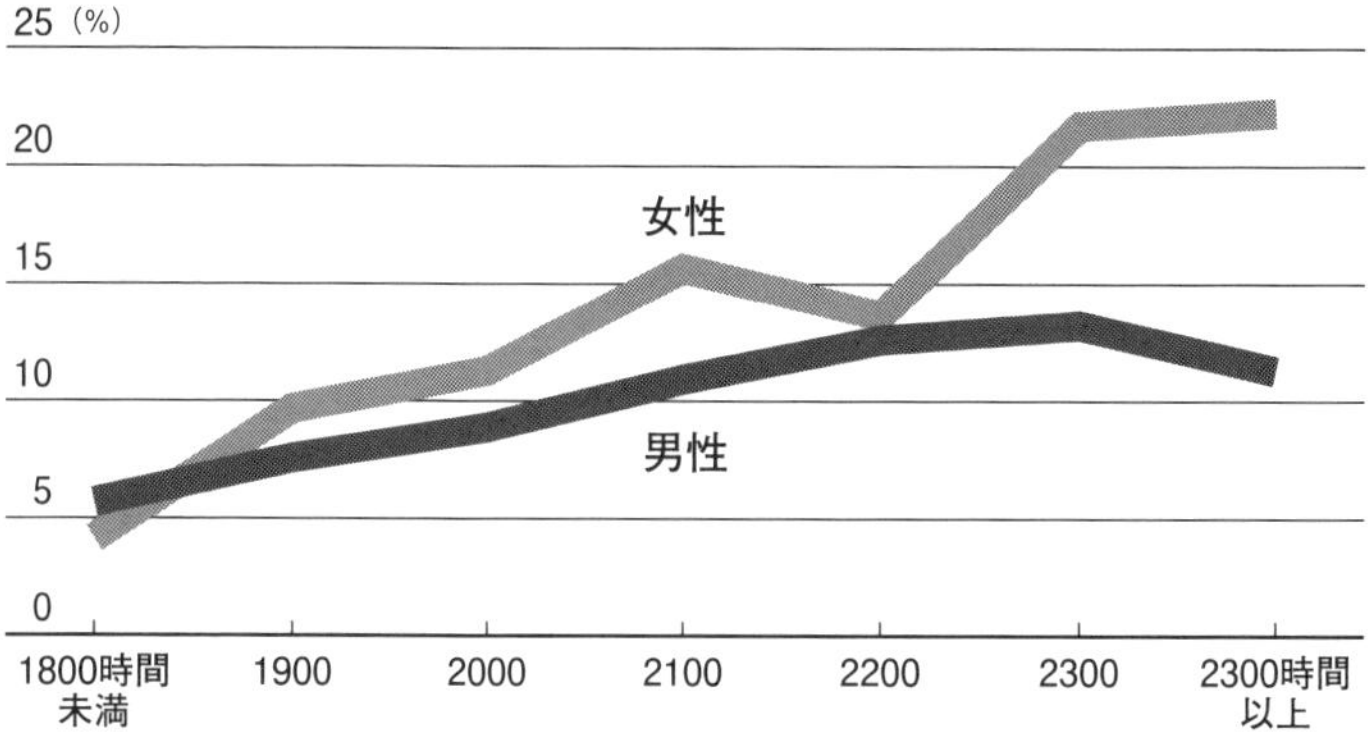

出所：経済産業研究所。加藤隆夫（米コルゲート大学教授）、川口大司（経済産業研究所ファカルティフェロー）、大湾秀雄（経済産業研究所ファカルティフェロー）によるディスカッションペーパー（2013年）から引用

これが、日本人が家に帰ろうとしない最大の原因で、日本企業が社員の残業を減らしたければ、「残業時間が多い人間が出世しやすい」という旧態依然とした体質（社内の雰囲気）を改善しなければなりません。

これができなければ、どんな手を使っても、日本企業の生産性は上がらないし、真向法を筆頭にどんな健康法が開発されても、日本のビジネスパーソンの健康が大きく改善することはない――。これが、「日経ビジネス」の結論なのですが、皆さんはどう思われますか。

第6章

時代遅れな企業の末路

禁煙にしない店の末路

外食店経営に詳しいスプラムの竹内幸次社長に聞く

タバコを吸う人が着実に減っている。ＪＴ全国たばこ喫煙者率調査（２０１６年）によると、ピーク時の１９６６年に83・7％あった成人男性の平均喫煙率は、29・7％まで下落した。女性を含めれば、およそ5人に１人しかタバコを吸わない時代。だが、「その割には禁煙の店が少ない」と思っている人も、少なくないのではないだろうか。

受動喫煙防止条例のある神奈川県など一部の地域を除けば、どの街でも完全禁煙の店はいまだ少数派。単純に人口比で考えれば、４対１で禁煙の店が上回っていてもおかしくないのに、そうなっていない。喫煙者も非喫煙者も互いに快適に過ごせる社会を目指すなら、もう少しタバコを吸えない店が増えてもいいはずだ。なぜ禁煙の店は、思ったほど増えないのか。多くの飲食店をクライアントに抱えるコンサルティング会社、スプラムの竹内幸次社長に話を聞いた。

――喫煙率は着実に下がり続け、最新の調査では男性で29・7%、女性で9・7%。全体ではおよそ5人に1人しかタバコを吸わない時代になっています。その割には、禁煙の店は思ったほど増えていない気がするのですが。

竹内　その通りです。仕事柄、いろいろな街に行きますが、受動喫煙防止条例のある神奈川県以外では、いまだに禁煙店を探すのに苦労するケースは少なくありません。

「禁煙化したいができない」という飲食店経営者の胸の内

――「禁煙ファシズム」でも何でもなく、喫煙者も非喫煙者も、お互いに快適に過ごせる社会を目指すのであれば、もう少しだけタバコを吸えない店が増えても罰は当たらない気はするのですが……。喫煙者の方々だって、タバコNGの店が増え、非喫煙者がそちらに移れば、今以上に心置きなく一服できるはずです。

竹内　おっしゃる通りです。飲食店経営者の中にもそう考える人がいて、ちょうど神奈川県で受動喫煙防止条例が施行された頃から「店を禁煙化したい」という相談が随分増えました。

——でも実際に禁煙店はいまだ少数派です。禁煙化を検討する飲食店経営者の方が、最終的に決断できない理由はどこにあるのでしょう。

竹内　それは単純明快、禁煙化によって売り上げが落ちる心配があるからにほかなりません。実際に、かつては「全面喫煙可の店が禁煙化すると、3カ月から半年は売り上げが落ち込む」というのが飲食コンサル業界の定説の一つでした。

——「かつては」と言いますと、最近は状況が変わってきているということですか。

竹内　そうです。まず従来、禁煙によって売り上げが落ちる最大の原因は、タバコ好きの常連の足が遠のくためでした。

——その分、非喫煙者が新規顧客になってカバーするわけにはいかなかった？

竹内　そうなれば問題はないのですが、現実にはなかなかうまくいきませんでした。店の業態や情報発信力にもよりますが、飲食店の場合、往々にしていったん固定客を失うと、その穴を埋めるのはどうしても時間がかかる。「同業者が禁煙化に踏み切った結果、経営がおかしくなった」などという話を聞くと、経営者としてはますます二の足を踏んでしまいます。

——なるほど。非喫煙者が禁煙の店を増やしたければ、タバコNGを打ち出してくれた店をもっと応援しないといけないんでしょうけど、なかなかそうもいきませんもんね。

竹内　ところが、そんな「禁煙化＝売り上げ悪化」という常識がここ数年、覆りつつあります。飲食コンサル業界で話題になった数字が、ロイヤルホストが公表した2013年11月の月次売上の既存店前年比です。同社は同年11月1日から全国の228店舗（当時）で、客席の全席禁煙を実施しました。それまでの常識なら11月は少なからぬ逆風に見舞われるはずですが、実際には売上高、来客数、客単価ともに前年の数字を上回ったんです。

「喫煙者＋非喫煙者のグループ客まで失う」は過去の話

竹内　もちろん、アベノミクス効果など様々な要素が影響したのは事実でしょうが、少なくとも「禁煙化の負の影響」はデータ上、見られません。

私の周りでもロイヤルホストの英断を評価する声はとても多い。「完全禁煙なんだから、多少値段が高くても構わない」という声すらあります。ファミリーレストランの雄として君臨しながら一時期低迷が囁かれていた同社ですが、この施策で風向きも変わってくるのではないでしょうか。

――今は昔と違って、業態によっては禁煙化で喫煙客が消えても、その穴を新規の非喫煙客がカバーしてくれる。それどころか場合によっては、タバコ禁止が外食不況の中で客数を増やす起爆剤にまでなり得る、というわけですか。

竹内　加えてもう一つ、昔と状況が変化していることがあります。喫煙者の方々の中に、「タバコを止めるつもりはないけど、食事をする時間ぐらいは我慢できる」という方が増えていることです。これまでは非喫煙者と喫煙者が食事をする場合は、喫煙の店に行くというのが一つの流れでした。でも最近はその傾向が逆転し始めています。喫煙者の中に非喫煙者に気を使い、禁煙席に座ろうという人が増えてきている。

――飲食店が禁煙化を決断できないのは、喫煙者だけでなく「喫煙者＋非喫煙者」のグループ客まで失ってしまうから、という意見を耳にしたことがあります。親友がたまたま喫煙者で、その友達を失いたくないあまり、食事の間ぐらいタバコの煙を我慢しようという非喫煙者は案外多いのかな、と思っていました。

竹内　ところが、そんな傾向も大きく変わってきているわけです。

――だったら、禁煙化を検討している飲食店経営者は、今ならトライする価値はあるのではないでしょうか。

竹内　もちろん業態や店のコンセプト、そして地域にも大きく左右されると思います。厚生労働省の国民生活基礎調査を見ますと、男性の喫煙率は県ごとに大きな差があり、2007年では青森県が45・3％でトップ。基本的に、都心に比べ地方の方が喫煙率は高いことが分かります。

喫煙率の高い田舎での禁煙化は確かに危険

――田舎に行くほど喫煙率は高まる、と。確かに、きれいな空気を求めて、地方に旅行したり移住したりしたら、街中どこを探しても喫煙の店しかなくて往生した、という話はよく聞きます。

竹内　そうでしょうね。いずれにせよ喫煙率の高い地域での禁煙化はハードルが高いと言えるでしょう。あと、現時点で商売が安定していて、経営者が信念を持って喫煙の店を貫くのであれば、それはそれで一つの経営戦略です。

――タバコを吸わない人は着実に増えているのに？

竹内　これからの時代、特に中小企業はニッチ市場を狙わねば生きていけません。ひと口にニッチと言っても、世の中の流れを先取りする「先行型ニッチ戦略」と、残存者利益を確保する「遅行型ニッチ戦略」があります。

今後、世の中は健康志向にますます流れ、喫煙可の店は逆に貴重になるかもしれない。その意味で、「タバコが吸える店」は典型的な遅行型ニッチ分野で、それはそれでビジネスチャンスと言えます。

——なるほど。

竹内　ただ業態や地域によっては、禁煙化すれば、集客力の向上のみならず、人材確保など様々な利点が生まれるのも事実です。今は飲食店のアルバイトでも、お客様が吸うタバコの煙が嫌で辞めてしまう例は多いですから。

データが示す事実「金持ちほどタバコを吸わない」

——ご自身のブログなどで、「全席禁煙にすると経済的に裕福な顧客が増える」とも書かれています。先ほどのロイヤルホストの月次売上の既存店前年比データにもそうした傾向は確かに見て取れますが。

竹内　根拠の一つが厚生労働省の2010年国民健康・栄養調査結果です。ここに喫煙率と所得の相関性が出ています。

――なるほど確かに男性の場合、世帯所得200万円未満では喫煙率は37・3％もあるのに、収入が増えるごとにそれが下落。600万円以上では10ポイント以上低下しています。高所得者ほどタバコを吸わなくなる、というわけですか。

このデータだけ見れば、確かに全席禁煙にすると「経済的に裕福な顧客」が増える気もしてきます。ただ、どうなんでしょう。そういう裕福な〝アッパーミドル非喫煙家庭〟は、自宅で家族団らんの食事をするのが基本で、頻繁に外食をしないイメージもありますが。

竹内　そこは注意点の一つです。外食をしないというよりも、特定の店の固定客になかなかなりにくい。そうした層ほど未来志向で好奇心が強く、新しいトレンドに敏感なため、同じ外食をするなら、これまで行ったことがない店を選ぼうとする傾向が強いからです。とりあえず固定客の確保だけを考えるのであれば、むしろ先ほど申し上げた「遅行型ニッチ戦略」で、喫煙者に喫煙の場を提供し続ける方が理にかなっている、という言い方もできます。

結論

禁煙にしない店の末路は？

将来的に苦戦は免れないが、「喫煙可」を敢えて貫く戦略もあり

解説

喫煙を巡る暴行事件は全国的に多発していて、2016年3月には兵庫県加古川市で、75歳の男が、タバコのポイ捨てを注意した6歳の男児の首を絞める暴行事件が発生しました。この手のトラブルは喫煙者が加害者、非喫煙者が被害者になることが多く（例：喫煙者が、タバコの煙を嫌がるそぶりを見せた非喫煙者の顔を殴って鼻の骨を折る重傷を負わせた事件が2008年7月にさいたま市で発生）、**禁煙にすれば店内での様々な顧客トラブルも減る**気がします。

ですが、だからといって、すぐ禁煙に踏み切ればいいかというと「そう簡単ではない」というのが竹内さんの話で、「飲食店が禁煙にするメリット、デメリット」を改めて整理すると次のようになります。

禁煙にするメリット⇓

①　タバコを吸わない人が新規顧客に加わる

②　アルバイトが定着しやすくなる

③　客層の富裕化（単価引き上げのチャンス）

禁煙にするデメリット⇓

①　3カ月から半年の間、売り上げが減少する恐れ

②　喫煙率が高い地域だと廃業の危機も

③　遅行型ニッチ戦略（喫煙者に喫煙の場を提供して生き残る戦略）の放棄

④　移り気な客（未来志向で好奇心が強く、新しいトレンドに敏感な客）が増える

結局、ある飲食店が禁煙にするか否かは、竹内さんの言う通り、業態や店のコンセプト、地域、さらに経営者の考え方（どのくらい商売を続けるかなど）に大きく左右されて一概には言えない、ということになりそうです。

ただ間違いなく言えることが一つあります。それは、よほどの大型店でもない限り、なるべく「分煙」はやめた方がいいということです。そうすることによって、「禁煙」「喫煙」の店にはない4つの不愉快を、顧客に味わわせる可能性が出てくるからです。

①　喫煙席から流れてきた煙で、禁煙席に座る非喫煙者が不愉快な思いをする

②　禁煙席に流れていく煙で、喫煙席に座る喫煙者が気まずい思いをする

③　店が空いていても、禁煙席が満席なら非喫煙者を門前払いしなければならない

④　店が空いていても、喫煙席が満席なら喫煙者を門前払いしなければならない

ロイヤルホストが分煙でなく完全禁煙に踏み切った理由の一つは、おそらくこうした〝分煙トラブル〟を防ぎたかったからでしょうし、ある大手居酒屋チェーンはこの禁煙ブームの中でも禁煙席を最近まで作りませんでした。一見、時代遅れのように見えた戦略を取っていたのは、「その方が店に来る顧客の満足度は上がる」と判断したからに違いありません。

あれもこれもやると何一つうまくいかない

「日経ビジネス」では、「効率的な仕事の進め方」を扱った企画を定期的に実施していますが、そこで毎回のように取り上げられる「やってはいけない仕事の進め方」があります。あれもこれもやろうとすることです。

ビジネスパーソンは大抵、複数のやるべきことを突きつけられています。成果を上げる人は、それぞれの課題を期限までに着実にクリアしますが、成果を上げられない人は、スムーズに課題を片付けていくことができません。

両者の違いは往々にして、解決すべき課題に対する取り組み方にあります。成果を上げる人は、与えられた課題を一つ一つ順番に解決しようとし、成果を上げられない人は複数の課題に同時並行で取り組みたがるのです。

要は、二兎を追う者は一兎をも得ずという話なのですが、誰しも思い当たる節はあるのではないでしょうか。あっちをやり、こっちをやり、気が付くと時間ばかりが過ぎている……。

話を禁煙にしない店に戻しますと、「禁煙化で活路を開くのもよし、〝タバコを心行くまで吸える店〟として遅行型ニッチ戦略を狙うもよし。でも、中途半端な分煙化だけは危ない」という話になります。**仕事も経営も、あれもこれもやると何一つうまくいかない**、ということなのでしょう。

日本一顧客思いのクリーニング店の末路

親切なクリーニング店を経営するキャンディクリーナースの野中光一代表に聞く

人口減少に伴う市場成熟が着々と進行する中、競争が激化する一方のサービス業。価格競争力のある大手企業が勢力を拡大する半面、昔ながらの個人店の多くは、業種を問わず苦戦を続けている。大手チェーンが市場シェアを着々と広げているクリーニング業界は、まさにその典型的分野だ。

そんな中、周囲から見ると「採算度外視」としか思えない親身のサービスで、生き残りを図ろうとしている小さなクリーニング店が東京にある。「クリンハウス」という屋号のこの店は、洗濯し終わった服に紙のタグを付けずに顧客に戻す。顧客がタグを外す時にホチキス針で指をケガするのが心配だからだという。とはいえ、紙のタグはクリーニング店の商品管理上、不可欠なアイテム。一体どうオペレーションしているのだろうか。運営会社キャンディクリーナースの野中光一代表に話を聞いた。

――まずは会社概要から教えてください。

野中　昭和40年代（1965年頃）に父が東京・中延に創業したクリーニング店が前身で、現在は「クリンハウス」という屋号で、武蔵小山と祐天寺に2店舗を経営しています。もの心ついた頃から、父がアイロン掛けをする背中を見ながら育ち、25歳の頃から仕事を手伝うようになりました。今日はこんな小さな店に一体何の用でしょう。

――「武蔵小山に、驚くほど仕事が丁寧なクリーニング店がある」との情報をつかみ、その秘密を探りたいと伺いました。

野中　そうかなあ（笑）。いたって普通のクリーニング店だと思うけど。

画期的な独自サービス「タグなし」

――そう思うのは野中代表だけで、御社は顧客にとって極めて画期的なサービスを展開しています。ずばり、「洗濯し終わった洋服を、紙のタグを付けずに顧客に戻すこと」です。

野中　紙のタグが付いていていたら、着る前にいちいち外すのが面倒でしょう。

――タグを外すのに必要な時間は、冷静に考えたらせいぜい十数秒。でも外すのは大抵、忙しい朝だけに、なかなか取れなくてイライラしている人はとても多いはず。

野中　それに、ホチキス針でお客さんが指をケガするんじゃないかと心配で。

――ほんとそうです。焦って外そうとすればするほど指に刺さる。また、うっかりタグを付けたまま出勤して恥をかいた人も相当いると思います。大手クリーニング業者はこの10年あまり、低価格化から当日戻しまで様々なサービスを打ち出していますが、「まずタグをどうにかしてくれ」という消費者は、相当数に上るに違いありません。

野中　それはどうか分からないけど、ウチが洋服をお戻しする際にタグを付けないのは事実ですよ。

――そこが不思議なんです。業界関係者に聞くと、あのタグは洗濯した洋服を顧客に返す時に商品を照合したり、工場での商品管理を円滑にしたりする上で必要不可欠なアイテムなんでしょう。「タグがないと、どれが誰の洗濯物か分からなくて商売にならない」と言う人もいます。そんな状況で、なぜ御社だけが「タグなし」でクリーニング業を成立させているのか、その秘密を知りたいんです。

野中　まあ、せっかく来たんだから、工場を見学していってよ。

――「答えは工場のラインに隠されている」というわけですね。お邪魔します。

野中　まず、これがお客様からお預かりした洋服を洗うドライクリーニング機です。

――えっ、こんなに小さい⁉　家庭用の洗濯機とあまり変わらないんですね。

野中　家庭用でも今は容量9kg程度の大型機が売られているはず。これは大体10kg。大手さんが採用しているのは22〜36kgぐらい。

――大型機で洗う大手クリーニング店に比べて、とても効率が悪そうな気が……。

野中　そりゃ悪いよ。でも、これだと服が傷まない。業務用の大型ドラムで服をぶん回すと、高いところから何度も叩きつけることになるから、それだけ生地が損傷する。それが嫌だから、お預かりした洋服は小分けにして、少しずつ洗うんだ。

――大手の中には、何倍もの服をまとめてぶん回しているところもあるのに？

野中　うん。効率がどんなに上がっても、万が一にもお預かりした服の風合いが変わったり、シワができたりしたら意味ないでしょ。

――しかもよく見ると、この段階ではどの服にもタグが付いている。

野中　だってタグなしで洗っちゃうと、どれがどのお客様の服か分からなくなるじゃない。

――ということは、御社でも預かった服には1回タグを付ける、と。

野中　店頭で受け付けた段階で1度付ける。そこまではほかのクリーニング店と同じです。

——ということは、工場のラインのどこかで「独自の自動タグ外し工程」があるというわけですね。先に進みましょう。

他社にはない謎の「脱液機」

野中　次の工程は、こちらの「脱液」。服をドラムから取り出して、この脱液機に入れて、回転による遠心力でドライ溶剤などを絞り出します。

——家庭用なら洗った後、一気に乾燥まで自動で行けるのに。やはりドライクリーニングは形崩れなどが起きにくい半面、工程が複雑になる、と。

野中　いやいや、ドライクリーニングでも、こんなことをしているのは今どきウチぐらい。大手さんは洗浄から乾燥まで全自動で済ませていますよ。

——なぜ御社だけわざわざ脱液工程を？

野中　全自動でやる場合、洗浄後、そのままドラムを高速回転させて脱液するんだけど、家庭用でも洗った後は服がドラムの中でぐちゃぐちゃになっているでしょ。そのまま高速回転させちゃうと服が傷みかねないんだ。一度取り出して畳み直して脱液機に入れると、その心配がない。

――1枚1枚、手で畳み直す？

野中　なにしろ服が傷む可能性があるから。で、脱液工程が終わったら、いよいよ乾燥工程。脱液機から取り出した服を1枚1枚ハンガーにかけて、立体静止乾燥機に入れる。

――ドラム式乾燥機に入れて回すのではなく？

野中　ほかの工程もそうだけど、ドラムの回転はどうしても服が傷みかねないから。で、乾燥工程が終わったら、こちらのプレス機でアイロンをかける、と。

――また手作業？　先ほどからお聞きしていると、洗浄以降は、脱液で服を畳んで、乾燥で服をハンガーに掛けて、仕上げにアイロン、と手作業ばかり。もっと自動化が進んでいる業態かと思っていました。

野中　それは大手さんの話。大手さんは、シワ取り工程も全自動ですよ。業界用語で言う「トンネル」っていう設備があって、コンベアに載せて、蒸気を噴射しシワを取って、熱風で乾かしていく。でも、それをやると服にコシがなくなる可能性があるんだよね。

――いくら服を傷めないためとはいえ、大手に比べて作業工程は多いし、設備も小型だし、手作業も相当残っている。それに、工場で作業しているのは見たところ、野中代表とお父さんとお母さんだけ。これでは……。

野中　うん。毎日、全然仕事が終わらない。自分でも「俺、なんて効率が悪いことをしているんだろう」ってあきれてるよ（笑）。

ついに判明した「自動タグ外し機」の正体

――そうすると、独自の「超高性能自動タグ外し機」は……。

野中　そんなもの、あるわけがない。

――じゃあタグは……。

野中　最後に、手で外す。

――何百着、何千着もあるのに？

野中　「タグがあると面倒だ」「手にホチキス針が刺さって嫌だ」って言ってたじゃない。

――それはそうだけど……。

野中　大丈夫だよ。作業が終わらなければ店を閉めてから一人でやるから。人件費も発生しないし、何の問題もない。まあシミ抜きが多いと大変だけどね。

――シミ抜きも閉店後に一人で作業を？

野中　シミ抜きは奥が深い作業でね。シミの原因は油性、水性、タンニン、蛋白、色素と様々で、どれを原因とするシミなのかは見ただけではなかなか分からない。だから気長に落としていくしかない。1時間ぐらいかかる時もある。シミ抜き料金は10円玉サイズなら1カ所300円。

――1時間もかかるのに⁉

野中　「馬鹿なことをやってるなあ」って思うよね（笑）。自分でもたまに「ここまでやる必要があるのか」って疑問に思うんだけど、シミ抜きはとてもやりがいのある仕事なんだ。きれいにシミが取れた時のお客さんの笑顔を想像すると、つい頑張っちゃうんだよなあ。この間も、女性のお客さんが店先で泣いて喜んでくれて。

――シミが取れたから？

野中　形見か何か分からないけど、大事な品だったんだろうね。きれいに落ちて本当に良かったよ。

――でも閉店して、そこからタグを外したり、シミを抜いたりしていたら、それこそ寝る時間がなくなるでしょう。人を雇用したら……。

野中　そんな余裕ないよ。それにシミ抜きはしつこい性格でないとダメ。考えたら親父もそうで、自分が子供の時も、毎晩夜中の1時ぐらいまで店の明かりをつけてアイロン掛けとかしていて、おまわりさんが心配して見回りに来ていたぐらいだから。

——そうか……、「タグなし」サービスは手作業だったのか。それも全部、一人でやっていたとは。

野中　今どき個人経営の店なんてそんなもんですよ。

——今の商売のスタイルは昔から？

野中　いや、昔はこうじゃなかった。以前は、洗浄から乾燥まで自動化していたし、立体静止乾燥機なども導入していませんでした。

すべてを変えさせた10年前の〝事件〟

——やり方を変えたきっかけは？

野中　10年ほど前、ある事件が起きたんだ。ある日、若い女性客が、ウチがクリーニングしたコートを抱えて店に飛び込んできた。品物は忘れもしないマックスマーラのコート。

聞くと、ウチにクリーニングに出したら手触りが全然違ってしまったと言うんだな。一生懸命貯金して買った思い出の服だったのかなあ、怒りと悲しみで真っ赤な顔で涙ながらに抗議されちゃってね。

25歳で親父の仕事を本格的に手伝い始めて、そんなことは一度もなかったから、もうショックで。もちろん、必死にブラシを掛けたり、あらゆる手を尽くしたよ。けど、結局、最後まで元の質感は戻らなかった。既存のクリーニングの方法に問題があるんじゃないかと真剣に考え始めたのはここからです。

──たった1つのクレームですべてを変えたんですか？

野中　様々なお店に見学に行ってね。服を傷めないもっといい洗濯法が絶対あるはずだと。その結果、立体静止乾燥をはじめとする今のやり方を知ったんです。同じやり方をしているクリーニング店は全国に数十社ぐらい。そこに行けば、ウチと同じでタグもないはずだよ。

実は、この方法は新しいものではなく、30〜40年前の古いクリーニング手法なんだ。効率化が進む中で廃れちゃったやり方で、実際、脱液機なんてものは、今やなかなかお目にかかれない。ウチにあるのも祐天寺のクリーニング店が廃業する時に譲り受けたものです。

――いくら質の高いサービスを提供したいからとは言え、効率をここまで犠牲にする方法に変更することについて、創業者のお父さんは？

野中　そりゃあ大反対だよ。「お前は馬鹿だろうが」って（笑）。でも、効率が悪かろうが何だろうが、この仕事を続けるなら絶対にやり方を変えた方がいいと、自分も頑として譲らなかった。

――お父さんが反対した気持ちも分かります。ただでさえクリーニング業界では、御社とは逆に効率を徹底的に追求した大手が価格競争力を武器に勢力を拡大している。

野中　問題はそこなんだよなぁ（笑）。武蔵小山なんかも新しい店が周りにどんどんできて、もう大変。料金を上げるわけにもいかないし。でも、今のところはウチを支持してくれるお客さんも大勢いる。生きている間にもう1店、出店する。これが今の目標です。

――話を聞いているうちに、クリンハウスのような店が存続することは、地元のお客さんだけでなく、日本にとっても何かとても重要なことのような気がしてきました。

野中　それは心強い。とにかく1日でも長く今のやり方で商売を続けられるように頑張りますよ。

結論

日本一顧客思いのクリーニング店の末路は？

こういう店がなくなったら、日本はもうおしまい

解説

世の中には「なくなってはいけない店」があると思います。クリンハウスがその一つなのはもはや説明の必要はないでしょう。ほかにも例えば、過疎化が進む沖縄の離島などで高齢者の暮らしを支える「共同店」などもその好例です。

共同店は文字通り、集落の全世帯・全住民が出し合った資金を元に共同運営する、沖縄独特の形態のお店です。戦後、都市化が進む中で急減しましたが、かつては本島全域に普及しており、今も沖縄本島の中でも北部の山原《やんばる》をはじめ、交通の便が悪いエリアや、宮古島などの離島に点在します。

運営方法は店ごとに細かな違いがありますが、原則として集落に移り住んだ者は自動的に組合員となり、組合費の納付が求められます。産まれたばかりの赤ん坊も

同様で、出生してから一定期間に親が加入金を支払わねばなりません。多くの場合、組合費は一生に一度、納付すればよく、店の運営は住民から選ばれた代表者が担います。

この共同店が存続する上で何よりネックとなるのは、大半が過疎地にあるが故に、客足が極端に少ないことです。例えば沖縄本島最北端、国頭村《くにがみそん》の集落「奥」にある「奥共同店」の場合、客は1日100人。同じく国頭村にある「伊部売店」に至っては「1日5人の時もある」（店主の名嘉山スエ子さん）そうです。

潰れない理由は「助け合い」と「思いやり」

それでも店が存続できるのは、販売価格を高く設定しているからです。雑貨で比較すると、東京のドラッグストアの価格に比べ4〜6割高い商品もあり、この価格差が、少ない客足をカバーする原資となっています。

もちろん、約180世帯ある奥共同店の常連客は、最も近い都市部である名護市に行けば、もっと安く買い物ができることを知っています。だが、現実にはほとん

国頭村にある伊部売店と店主の名嘉山スエ子さん（写真：西 雄大）

ど行きません。

共同店の利用者の中心である高齢客はほぼ、クルマを持っていません。名護市内へ行くには唯一の公共交通機関であるバスを利用せざるを得ず、往復で3時間はかかります。その手間を考えれば、多少高くても共同店で買い物をした方がはるかに楽なのです。

注目すべきは、奥に暮らす若者たちも共同店を利用するケースが多いことです。若者はクルマを持っており、その気になれば名護市内へ毎日でも買い物に行くことができます。だがそれをしてしまうと、〝おじい〟や〝おばあ〟が買い物難民になってしまうことを、彼らは認識しているのです。

「みんなが少しずつ我慢することで、みんなで生きていくシステム」。これが沖縄の共同店が存続できる理由で、そんな助け合いの精神を現地では「ゆいまーる」と言うそうです。

バブル崩壊後、小売店に限らず、日本企業の多くは、経済合理性を過剰に追求するようになりました。でも、それで企業や顧客が幸福になっているかと言えば、必ずしもそうではありません。

店側は過当競争による利益なき繁忙で消耗し、くしの歯が欠けるように撤退が続いています。その結果、便利なはずの都内ですら買い物難民が増えています。店の運営はマニュアルで支配され、店員に創意工夫の余地はなく、必要最低限のサービスしか提供されません。

効率ばかり追求すると、生きづらい国になる

一方、東京で採算を度外視した手厚いサービスを提供するクリンハウスも、沖縄の共同店も、効率の追求は二の次、三の次です。が、顧客は安心して服をクリーニングに出すことができ、過疎地でも買い物難民になることはありません。お店を運営している側も、自分の仕事に誇りを持って働いています。

経済を発展させる上で効率の追求が大切なことは間違いありません。しかし、クリンハウスや奥共同店のような店がなくなれば、日本はどんどん生き辛い国になっていく気がするのですが、いかがでしょうか。

リモコン発見器の末路

商品開発力で定評のある中小企業、旭電機化成の横井正憲開発部長に聞く

家電から自動車まで日本製品の競争力低下が囁かれて久しい。「日経ビジネス」では2013年に、洗濯機や掃除機市場における日本勢と海外勢の激戦を描いた特集「白物家電ウオーズ」を企画。日本製品にない独自のアイデアを武器に躍進する欧米メーカーの実像を報道し、反響を呼んだ。

だが日本にも、大胆な発想でエッジの効いた製品を生産している企業は存在する。その一つが、大阪に本社を置く旭電機化成だ。同社が世に送り出した画期的商品の一つが「リモコン発見器」。使いたい時に限ってテレビのリモコンが見つからない。そんな多くの国民が抱える悩みを解決する優れものだ。同社はこのほかにも大企業が開発しない、顧客視点に立った商品を数多く手掛けている。

現場で開発を担当し、様々なアイデア商品を生み出してきた横井正憲開発部長に話を聞いた。

――エコ製品から防災グッズ、神仏用品まで様々なアイデア商品を自社ブランドで製造・販売されています。もともとはプラスチック成形が主力と聞きましたが、アイデア雑貨・電化製品市場へ進出した経緯をまず教えてください。

横井　1980年代までは、自動車や家電向けのプラスチック加工が事業の柱でしたが、バブル崩壊後、下請け脱却という経営陣の方針の下、少しずつ自社ブランドの商品を増やしてきました。取引先だった懐中電灯メーカーを買収し、各種電灯のOEM（相手先ブランド製造）ビジネスを開始したのが1993年。その後、OEMだけでなく、既存技術を生かした自社商品を作ろうと、1995年からアイデア商品の開発を本格化させました。

「すっきりコード巻き」で自社商品事業が離陸

横井　最初からたくさんのアイデアが出たわけではなく、初めの頃は、私もほかの社員もどんな製品を作ったらいいいか分からず、社内でアイデアを募ってもなかなか集まらない時期もありました。

そんな状況を打破したのが、経営陣の家族の方が提案された、邪魔なコードをすっきり収納するアイデア雑貨「すっきりコード巻き」シリーズでした。試しに製造したところ、これが大ヒット。社員も「何も世紀の大発明をする必要はない。生活の中のちょっとした不便を解消するものを作ればいい」と納得し、それ以来、アイデアが出るようになったんです。今では売上高の7割は自社商品事業です。

——今の開発体制はどうなっていますか。

横井　毎週木曜日に、大阪本社と名古屋商品事業部、三重県伊賀市の工場と東京営業所の4拠点をテレビ電話システムでつなぎ、開発会議を実施しています。毎週多い時で6～7件、少ない時で1～2件のアイデアを俎上に載せ、ゴーサインが出たら商品化する体制を敷いています。

——社員からはそんなに次々にアイデアが出てくるのですか。

横井　提案意欲を高める様々な工夫を導入しています。まず点数制。アイデアを出した数に応じて点数がもらえ、奨励金がもらえる仕組みです。また、どんなアイデアでも尊重する方針も打ち出しています。例えば、「既存製品の色違いの商品を作ったらどうか」といった提案でも1点獲得できます。もちろん、より斬新なアイデアを出して商品化まで行けばより高い得点がもらえます。最も良くないのはアイデアが出なくなることですから。

――大体理解しました。それでは早速、本日のテーマ「リモコン発見器」について話を進めさせていただきます。「チャンネルを替えたい」と思った時ほど見つからないのがテレビのリモコンです。リモコンの紛失で悩んでいるのは、整理整頓ができていない家庭だけではなく、例えば小さな子供がいる家庭などでは、子供がリモコンを遊び道具にして隠してしまう事態が1日に何度も起きるそうです。

世紀の発明!?「リモコン発見器」はこうして生まれた

横井 私も、そう思って「リモコン発見器」を開発しました。実は、我が社が2001年に「リモコン発見器」を販売する以前から、「探し物探知機」は存在していました。失くしそうなものにチップを取り付け、専用の無線機器で探すというものですが、この既存製品は高額な上に、重大な弱点がありました。

――その弱点とは?

横井 チップを取り付けたリモコンを失くしたとしましょう。

――無線機器を使って探せばいいのでは。

横井　その無線機器自体が見つからなければどうなります？　つまり、探し物探知機を購入してリモコンを瞬時に探し出せる状況を家庭内に構築しても、探知機器を失くしてしまえば何の意味もない。これこそが、従来型の探し物探知機が抱えていた最大の問題点でした。そこで我が社は、その弱点を完全にカバーするアイデアを発案しました。

――そのアイデアとは？

横井　口笛を吹けばリモコン発見器が音を出して居場所を知らせる、という仕組みです。

――確かにそれならいつでもリモコンを探し出すことができます。

横井　ところがこのアイデアを社内でプレゼンしたところ、思わぬ反対に遭ってしまいました。口笛を吹ける人は意外に少ないというのです。「一家に一人くらいは吹ける人がいるのではないか」と思って提案したのですが。

――私も上手には吹けない（笑）。

横井　実は、私も（笑）。そこで、一段の工夫をして完成したのが現在のリモコン発見器です。口笛と同じ1600～2000Hzの周波数の音が鳴る笛を標準装備したんです。

――その手がありましたか。本当に上手く探し出せるか、実演してください。

横井部長、笛を「ピー」と鳴らす
リモコン発見器が「ピッ、ピッ、ピッ」と鳴る

横井　このようにおよそ身の回り1〜3mにリモコン発見器が潜んでいれば、かなりの確率で捕捉できます。

大企業が「リモコン発見器」を採用できない理由

——確かに、これなら口笛が吹けない人でもリモコンを呼び出せますね。ん？　だが、よく考えると、この付属の笛を失くしてしまえば、結局、従来型の探し物探知機と同じことになるのでは？

横井　まあ、そう言われればそうです（笑）。だが、リモコンを探す笛は必ずしも純正品でなくても構わない。お子さんのリコーダーでも、センサーは反応します。

——なるほど。そういうことなら問題はないかもしれません。なぜこの種の機能を日本の大手テレビメーカーは自社製品に積極的に搭載しないのですか。

横井　想像するに、日本の大企業は「100%完璧な製品」を作るのが至上命題になっているからではないかと思います。我が社が採用しているリモコン探知の仕組みは、わずかに誤作動する可能性があります。単純に1600〜2000Hzの周波数の声で家族の誰かが話せば、そのたびにセンサーが反応してしまう。めったにないことですが。

——ほんのわずかでもそうした不完全な部分がある機能を、世界に名を馳せる日本の大手メーカーが採用するわけにはいかない、と。

横井　ブランド力と技術力を併せ持つ大企業であるが故に、できないこともあります。そこを突くのが我々中小メーカーの生きる道です。今でも「100%完璧とは言えないかもしれないが、それをカバーしてあまりある利便性を提供する商品」を、ある意味遊び心を持ちながら開発しています。こちらの「軽着火風防ライター補助具」もその一つです。

子供がイタズラをしないよう、百円ライターのスイッチが最近固くなっているのはご存知ですか。それによって確かに安全性は高まりましたが、今度は年配者の間で火を付けにくくなったという不満が出てきたんです。「軽着火風防ライター補助具」を使えば、お年寄りでも簡単に火を付けられるし、フードが付いており、屋外でも火を付けやすいんです。

——お墓参りだけでなく、キャンプファイヤーや庭で花火をする際などにも威力を発揮しそうです。こちらも実演してください。

横井部長、ライターのボタンを押す
フードの中でライターの火が点る

——なるほど。ん？　だが、よく考えると、このアダプターをライターに装着すると、子供でも簡単に火を付けられるようになりませんか？

横井　そう言われればそうです（笑）。だからこそ、当社はこの商品について、厳重な安全装置を開発してから製品化に踏み切りました。着火レバーが絶対に下がらない工夫もあるんです。

——なるほど、これなら安全です。先ほどの理屈で言うと、大企業なら「子供でも簡単に火が付けられる」というネガティブな意見が出た時点で、「100％完璧ではない」としてお蔵入りになっていたかもしれません。

横井　このほかにも、当社は神仏用品に力を入れていて、例えば「パチッパチッ灯籠」という商品があります。神棚に置き、パチッパチッと手を2回叩くと約15秒間、灯籠型ライトが点灯します。

――確かに便利は便利だが……。

横井　「罰当たりではないか」といった声が一部あることは事実です。が、高齢化社会が進む中で、神仏用品の電子化のニーズも高まり続けています。最近では、やはりお年寄りが火を使うのは危ないということで、炎の部分をぽんと押すだけで点灯消灯できる「安心のろうそく」や、同じく火を使わない「安心のお線香」も話題を呼んでいます。

――賛否両論はあるかもしれないが、安全、安心であるのは間違いないですね。

横井　小さなメーカーは、必ずしも「全員が欲しい商品」を開発する必要はないのです。そんな商品ばかり作ってしまえば、あっという間に大企業が参入してきて価格競争に巻き込まれる。賛同してくれる人は一部だけれど、その一部の人はすごく欲しがる。そんな商品が理想です。

――これまで、意に反して売れ過ぎてしまい、大企業の参入を招いてしまったものはあるんですか。

横井　マルチタップ式の節電スイッチです。

――今やどの家庭にもあるあのメジャーな商品はもともと、御社の発案だったんですか。

では、最後に、横井部長の自信作を紹介してください。

横井　「録音できるハンドメガホン」です。イベント会場や工事現場などで誘導員の方がメガホンを持ちながら、何度も同じ呼びかけをしているのを見て発案しました。このメガホンがあれば、1回叫べば、それを機械が録音して自動再生してくれます。

「それではラジカセと同じ」ではヒットは生まれない

――確かに誘導員の方の多くは、「足元に気を付けて」とか「止まらずに前に進んで」とか同じことを繰り返しています。ただ、それならラジカセに録音して流しても同じ……いや、それではヒット商品を生み出せない大企業と同じ発想になってしまいますね。

横井　確かに通常の録音機でも代替は可能です。だが、スピーカーから音声が流れるのと、誘導員の方がハンドマイクで一生懸命呼びかけているのでは、人々に訴える力は確実に違うはずです。

――多くの人が欲しがる商品ではないが……。

横井　一部に購入したいと思ってくれる方は必ずいると思います。

結論

リモコン発見器の末路は？

誤作動の可能性がゼロになるまでは、開発力のある中小企業の独壇場

解説

読んでデジャブーを抱かれた方も多いと思います。ここでの議論は、本書の冒頭、1章の「宝くじで1億円当たった人の末路」の解説で触れた「日本の大企業が『ルンバ』を開発できなかった理由」の続きです。

そこでは、日本の家電メーカーがロボット掃除機を開発しなかったのは「過剰なリスク回避主義」のためだと指摘しました。が、日本の産業界（研究開発現場）では今、もう2つほど、日本が新しいものを生み出せない理由が囁かれています。

① 短期的成果の過剰な追求

② 完璧主義

1つ目の短期的成果の過剰な追求は、四半期決算の開示が広がり始めた2000年代から顕在化したと言われています。新しいものはすぐには儲かりません。当然、すぐに儲からないものはやらないという開発方針の下で新しいものは生まれません。

2つ目の完璧主義はまさしく、リモコン発見器が開発されない理由です。チャンネルを替えようと思った時に限ってリモコンが見つからない。テレビのどこかを触れば音が鳴り、〝居場所〟を知らせる機能が何で開発されないのか――。そんなふうに思ったことがある人は相当いるはずです。技術が成熟する中で、テレビはもはや、どこのメーカーの製品を選んでも（素人目には）ほとんど変わらない。ならば、**大して差のつかない画質競争よりも、他社にない機能を搭載して差異化を図るべきだ**と思うのですが、完璧主義を掲げている間はテレビメーカーが、リモコン発見機能を搭載することはなさそうです。

市場が成熟する中で、今後需要が見込める数少ない分野が「自動変換、自動認識、自動検知により生産性を上げる商品」です。

高性能通訳

音声自動認識

無線充電

探し物検知・盗難防止

などですね。しかし、この手の商品は最初から100%の性能保証を打ち出すことは難しいのが現実です。

成功体験とプライドを捨てる

世界の開発の潮流は既に、100%完成していなくてもサービスを提供し、顧客とともに改良を重ねていく「リーンスタートアップ」に移っていますから、海外企業は今後、次々にこの分野の製品を（不具合が発生するのを承知の上で）投入してくるでしょう。このままではこの分野でも海外企業の後塵を拝すのは必至です。

日本の大企業の開発部隊にも、もう少し、旭電機化成のような、いい意味での遊び心とおおらかさがあればいいのでしょうが、そこは戦後70年、「完璧」を最大の武器に世界市場を席巻してきた日本企業。**積み重ねた成功体験とプライドを捨てるのは難しいかもしれません。**

第7章

仕事人間の末路

ワイシャツの下に何を着るか悩む人の末路

メンズファッションに詳しい松屋銀座紳士服バイヤーの宮崎俊一氏に聞く

国内市場の成熟が進む中、今後、欧米や新興国に主戦場をシフトしていかざるを得ない日本企業。当然、そこで働く個人も「スキルの国際化」が急務となりつつある。グローバル対応が求められるのは語学力だけではなく、「見た目」も意識せざるを得ない。

そんな中、「日本人の9割は欧米の常識に反する間違ったファッション知識を持っており、国際交渉の場や海外人脈を作る上でハンディになりかねない」と危惧しているのが、松屋銀座の紳士服バイヤー、宮崎俊一氏だ。宮崎氏によれば、日本のビジネスマンには、スーツの選び方も、ワイシャツの着こなし方も全くダメな人が少なくないという。一体どこがどうダメなのか。宮崎氏に「ビジネスファッションの国際常識」について話を聞いた。

——著書や講演会などで、「日本人の9割は間違ったスーツ選びをしている」と主張されています。具体的にどの辺りに問題があるのでしょう。

宮崎　最も顕著なのはサイズ感です。多くの人が自分の体形よりワンサイズ大きなスーツを着てしまっています。肩幅が狭いとかお腹が出ているとか、体形にコンプレックスを持つ人ほど、それを隠そうと大きめの服を選びがちです。それは根本的な誤解なんです。

本来、スーツというのは、適正なサイズを選びさえすれば、その人の体形の弱点をしっかりカバーしてくれるアイテムです。スーツの選び方次第で、辛いダイエットなどしなくても、その日から5kgやせて見せることも可能になります。逆にサイズが合わないと、ますますコンプレックスに感じている部分が強調されかねません。

裾を長くしても足は長く見えない

——例えば。

宮崎　例えばズボンの裾。足が短いと気にしている人ほど裾を長くしようとしますが、そんなことをすれば足の短さをより際立たせてしまいます。足を長く見せたければ、くるぶしぐらいまで裾を上げた方がすっきり見えます。

——でも、いい年をした会社員のズボンの裾が短いと、子供っぽいというか、俗に言う〝とっちゃん坊や〟みたいになりそうな気がしますけど。実際、出版業界では「夏場、取材のない日はTシャツにハーフパンツ」という格好の記者もいますが、特に足が長くは見えません。

宮崎　裾を上げろと言うのはあくまでスーツの話で、何でも足を露出すればいいという話ではありません。そもそもTシャツにハーフパンツなど、国際基準で言えば、ビジネスパーソンとしてあり得ない格好です。

——Tシャツと言えば、「40歳を過ぎたら着るアイテムではない」とも主張されています。

宮崎　Tシャツは、スーツとは逆に、体の欠点を全くカバーしてくれないアイテムです。ぽっこり出たお腹や貧相な体格などがそのまま出てしまいます。

——鍛えていれば？　お腹を引き締め、大胸筋をそれなりに鍛えていれば、40歳を超えてなおTシャツが似合う人もいるのでは。

宮崎　ダメです。「いかにも鍛えました」という体形の中高年がTシャツを着ると、〝努力の跡〟が浮き出て、痛々しくなる。「頑張って必死に若作りしている」という印象がにじみ出て、余計みっともないことになってしまうんです。

また、一見若々しく見える人でも、年齢を重ねると首のシワや日焼けのしみなどがどうしても出てくる。襟のないTシャツはそれもカバーしてくれない。実際、私も40歳を過ぎてからは外出の際にTシャツは着ていません。Tシャツというアイテムが自分の年齢にふさわしくないと気づいたからです。

――40歳を過ぎてしまえば、マッチョにせよ、メタボにせよ、やせにせよ、TシャツはNG。これが宮崎流ファッションの基本である、と。しかし現実には、日本のビジネスパーソンの多くは今日もオーバーサイズのスーツで通勤し、休日はTシャツ姿で過ごしている。なぜ、ファッションの常識がうまく日本に伝わらなかったのでしょう。

適正サイズを薦めると売り上げが伸びない

宮崎　スーツに限って話をすれば、理由はいくつかあると思います。まず、販売員がファッションの基本を正しく理解していないケースがあります。また、販売員が正しい知識を持っていても、お客様に遠慮して、適正なサイズを無理にお薦めしないことも多い。

なにしろ、9割のお客様は、ワンサイズ大きめのスーツを買おうと来店してくるわけだから、それを間違いだと諭し、一回り小さいスーツをお薦めするのは、販売員にとってもかなり勇気が必要な行為になります。一つ間違えば、せっかく買う気になっているお客様の気分を害し、販売機会を失いかねません。

——なるほど。正しいファッションの啓発も大事だが、日々の売り上げノルマの達成も販売員さんにとっては重要です。

宮崎　もちろん中には、今話したようなことを理解してくださって「それならジャストサイズのスーツを買ってみよう」と言ってくれるお客様もいる。ただ、それでも油断できない。家に帰って試着した際、奥様が「随分サイズの小さいスーツを買ってきたわね」とダメ出しすることが少なくないからです。最悪の場合、返品やクレームにつながりかねない。

また日本の男性の場合、時間をかけて服を選ばないことも、スーツが体に合わない一因だと思います。本当に自分の体形に合うスーツを選ぶなら、10回は試着する必要がある。

——10回⁉　とても無理です。面倒くさい。

宮崎　そうおっしゃる男性はとても多い。では逆に聞きますが、スーツではなく6万〜7万円の家電製品だったらどうですか。

――他社製品との性能を比較したり、いろいろな店舗を回って値段を見比べたりしてから買います。

宮崎　でしょう。スーツもそれと同じです。会社員の方の場合、入社から定年までおそらく60～100着のスーツを買います。だったら若いうちに、正しいスーツの選び方を知っておいた方がいい。100着ずっと間違い続けるのは嫌でしょう。

――確かにそうですが、服を買うのに試着を重ねるのを面倒くさがる男性は多いはず。

宮崎　そうご自身で言う割には、今日の服装は悪くはありませんよ。合格点です。

――それは、取材という形だから、採点が甘くなっているだけでは。

宮崎　いやいや、お世辞ではありません。サイズは合っているし、ネクタイにディンプル(結び目の溝)も入っている。80点でもいいかも。減点は、シャツがスーツの袖から出ていないこと。スーツスタイルの基本の一つは、スーツの袖から1・5㎝前後シャツが見えていることです。

――それはできない相談です。だって半袖のワイシャツですから。

宮崎　！　半袖⁉

半袖シャツは国際交渉では大きなハンディ

――クールビズが定着して以来、夏場のワイシャツは半袖、という人は今や多数派のように思いますが、もしかしてこれも国際基準から外れている？

宮崎 大外れです。確かにここ数年、半袖シャツにノーネクタイといういでたちのビジネスマンは珍しくなくなった。しかし、国際的にはビジネスで半袖のシャツを着用する習慣があるのは日本と米国ぐらいで、欧州のビジネスシーンではあり得ない服装です。

――とはいえ、これだけ暑いとどうにもならないのでは。

宮崎 半袖シャツを全否定するわけではないし、松屋銀座でも半袖をご用意してはいます。ただし、これは積極的な提案ではありません。できればスーツやシャツの素材を工夫して、夏場でもきちんとしたドレスコードに則ったビジネススタイルをしていただきたいというのが本音です。

理由はいくつもあります。まず、日本国内ではよくても、国際社会、特に欧州では、ルール違反の格好をしていると、それだけで「交渉すべき価値ある相手」と見なされないことが多い。半袖・ノーネクタイで欧州の要人を空港で迎えでもしたら、相手は「馬鹿にしているのか」と立腹しかねません。
それに、半袖シャツのようなアームホールの広い服は、どうしても間が抜けて見える。国際商談の場などでは、第一印象でいかに相手に「自分ができる人物か」を植え付けるかが、その後の交渉の行方を少なからず左右します。半袖を着ることは、交渉に際して、自ら大きなハンディを背負うことにほかなりません。

――スーパークルービズで快適になっても、ビジネスで負けてしまえば意味はない、と。

宮崎　信用の向上こそがビジネスファッションの最大の役割なのに、半袖を着てしまえば信用どころか相手を不快にしかねません。それに、半袖シャツの弱点はただ「みっともない」というだけではありません。清潔でないことも問題です。半袖の上からスーツを着れば、ひじから先が直接スーツの裏地と接触することになる。そんな状態で汗をかけば当然、雑菌がわきます。

――ただ、真夏に長袖を着てスーツのジャケットを羽織り続けていては、熱中症になりかねません。

宮崎　ですから現実的には、通勤スタイルと勤務スタイルを分けるなど、いろいろ工夫をする必要がある。例えば、半袖シャツはNGですが、長袖シャツをロールアップするのはマナー違反ではありません。

――通勤やオフィスでの勤務、外回りでは、長袖をロールアップし、ノージャケット・ノーネクタイを基本とする。一方、大事なお客様と面会する際はジャケットとネクタイを身に付け、ロールアップを直してスーツの袖からシャツを出す、といった感じでしょうか。

宮崎 それだけでも、ファッションのせいで信用を落とす事態は確実に減るはずです。

――この手の話をしていると、必ず「俺は中身で勝負する。外見なんか気にしない。全く最近の若いもんはちゃらちゃらしやがって」と主張する人が出てきます。

宮崎 「ボロは着てても心は錦。外見だけ着飾っても、中身がなければ意味がない」。日本人の多くがそんな美意識を持っていることは理解しています。

しかし、現実問題としてそれでは世界に通用しないんです。欧米はもちろん新興国でも、国や経済を動かしている層は、例外なく国際的なファッションルールを守っています。彼らは「服装は、家系や人柄、人生の履歴など、着る人の多くを表すもの」と考えており、初対面の相手を推し量る上で、まずは〝まともな服装〟をしているかを重視します。中身で勝負するのは一向に構わない。ただビジネス交渉の限られた時間で、自分の中身を相手に正確に伝えるのは難しいでしょう。

――なるほど。グローバル化が進む今、いかにビジネスの場でドレスコードを守ることが重要なのか、クールビズの何が問題なのかなどよく分かりました。それではいよいよ本日、最も聞きたかった質問をぶつけたいと思います。

宮崎　なんでしょう。

ツキノワグマかセクハラか、窮地に立つ男性社員

――本日、最も聞きたかった質問。それは、「結局、男性社員は夏場、シャツの下に何を着ればいいのか」です。先ほど話に出たように、汗をかくことを考えれば、汗を吸い取り体感温度を下げ、臭いも防いでくれる肌着の着用は必須に思えます。ただうかつにランニングシャツなどを着ていると、今の時代、「ツキノワグマ」「オヤジくさい」などと嘲笑されかねない。

宮崎　対策の一つは、白いワイシャツの下に着ても透けにくい「ステルスカラー」の肌着を着ることでしょう。ただ国際的な基準では、ビジネスシャツは下着として扱われてお

り、例えば欧州では、ビジネスで着るシャツの下にアンダーウエアを着る人はほとんどいません。下着の重ね着になるからです。

個人的にも、シャツの下は何も着ないのが正解だと思います。シャツが肌にくっついて気持ちが悪いというのであれば、生地を工夫すればいい。吸湿性と通気性に優れるフルオープンの長袖ポロシャツを着用する手もある。

ファッション先進国イタリアでも解けない難題

——ポイントはそこです。「ツキノワグマ」呼ばわりされないために、ワイシャツの下には何も着ない。汗対策としては、吸湿性や通気性の高い生地のワイシャツやビジネス用のポロシャツを選ぶ。ここまでは非常によく分かる。だが、まだ問題が残っています。品のない話で恐縮なのですが、ずばり「ワイシャツの下に何も着ないと、人によっては乳首や胸毛が透けかねないこと」です。実際、女性の間には「目のやり場がない」といったセクハラ的見地から、男性社員の肌着着用を訴える人も増えている。つまり、肌着を着れば「ツキノワグマ」呼ばわり、何も着なければ「セクハラ」認定。これでは世の男性社員は、どうすればいいか分かりません。

宮崎　実は私自身、「シャツの下から男性の乳首や胸毛が透けることを不快に思う人が増えている」という話を最近になってメディアなどで知り、戸惑っているところです。

私のように、イタリアでファッションの基礎を学んだ者にとっては、これは難題です。というのもイタリアでは、胸毛が透けて嫌がれることはありません。むしろ逆で、男性の中にはわざわざ植毛して目立たせようとする人すらいる。同様に、「乳首透け問題」など最初から存在しないんです。

——欧米のファッションの鉄則をいくら研究しても、この問題の解は見つからない、と。

宮崎　そうです。完全に日本固有の問題です。

——理屈から考えると、体毛を処理し、女性のニップレス的なものを活用すればいいのでは。

宮崎　確かに男性用のニップレスも存在するようですけど、個人的にはとてもお薦めできません。体を鍛えてTシャツを着るのが痛々しいのと同じ理屈です。中高年男性がニップレスをして体毛を処理する姿を想像してみてください。

——……。

宮崎　この質問に対する回答は1回保留にさせてください。私の感覚では、そもそも「男性の乳首や胸毛が透けることを不快に思う」人は、今はまだ多数派ではない気がするからです。それが日本社会のコンセンサスになった時、例えばＮＨＫでこの問題が大きく取り沙汰されるようになった時には、専門家として必ず一つの答えを出したいと思います。

――分かりました。それにしても今日は、ビジネスパーソンにとって正しいビジネスファッションをすることの重要性が、実に腑に落ちました。

宮崎　語学力など内面を国際対応させるには大変な時間がかかるけど、ファッションであればその気になればかなりの短時間である程度の修正ができます。

――確かに。その通りですね。

というわけで、最大の疑問である「結局、ワイシャツの下は何を着ればいいのか」について結論が出なかったため、後日、再び取材に行って来ました。

このインタビューは、「日経ビジネス」のウェブサイト「日経ビジネスオンライン」で公開され、豪快に〝炎上〟しました。炎上に対する宮崎さんの戸惑いも合わせてお読みください。

ワイシャツの下に何を着るか悩む人の末路2

メンズファッションに詳しい松屋銀座紳士服バイヤーの宮崎俊一氏に聞く

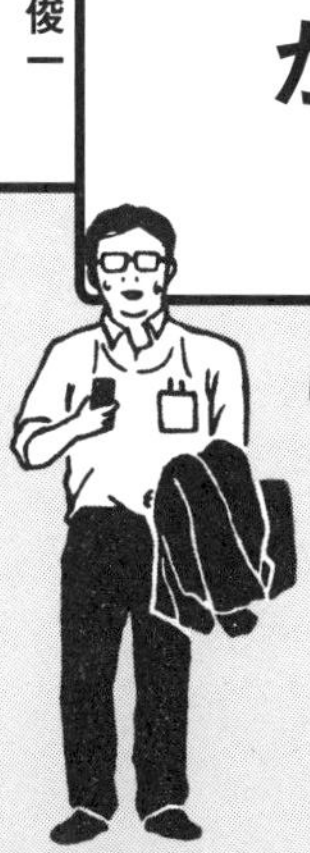

国内市場の成熟が進む中、欧米や新興国に主戦場をシフトしていかざるを得ない日本企業。当然、そこで働く個人も「国際化」が急務となりつつある。そんな中、「日本人の9割は、欧米の常識に反する間違ったファッション知識を持っている」と危惧しているのが、松屋銀座の紳士服バイヤー、宮崎俊一氏だ。

その宮崎氏に「ビジネスファッションの国際常識」について初めて話を聞いたのが、2013年夏のこと。議論は白熱し、話題は誤ったスーツの選び方から間違いだらけのクールビズへと展開。最終的に「男性社員は夏場、ワイシャツの下は何を着るべきか」にもつれ込んだ。ランニングなどの下着を着れば「ツキノワグマ」と嘲笑され、何も着なければ「汗で体毛や地肌が透けて気持ち悪い」とやはり嘲笑される中高年男性。そんな窮地を打開する方法を聞きたかったのだが、宮崎氏は熟慮の末、答えを保留した。あの時の答えは見つかったのか。

——前回のインタビュー記事を、「日経ビジネス」のウェブサイト「日経ビジネスオンライン」で公開したところ、大変な反響でした。

宮崎 びっくりしたと言いますか、参ったと言いますか。記事の公開後、友人から反響が来るあたりまでは良かったのですが、日経ビジネスオンラインの読者の意見が、チェックするたびにどんどん増えていって、途中から怖くなって見なくなりました。実は反響は今も続いていて、ネットで「宮崎俊一」を検索すると、上の方は「透け乳首」の話題です。

高まる「スターウォーズ新作」並みの期待

——辛らつな批判も多かったです。編集部としても、あそこまで炎上するとは思わず、ご迷惑をかけました。ただ一部からは、「続きが読みたい」との声もあるんです。産業界で相当な立場にいる方も含め、何人かの方が今も「今年も松屋銀座のバイヤーが登場すべき時期になったか」「宮崎バイヤーが『いったん、保留させてください』とした乳首問題の答えを聞きたい」「スターウォーズの新作の次に楽しみ」などとつぶやいてくださっている。

宮崎 そうなんですか。僕としては、当時は「間違ったことは言っていない」と思っていたんです。ただ、あれから時間が経過し、僕の中の考えも少しずつ変わってきました。一方で、衣料品の素材の技術もこの間、急速な進歩を遂げました。その結果、今なら前回とは違う「新しい答え」が出せると思い、お話を受けることにしました。

――ありがとうございます。それではまず、前回の内容を簡単に振り返りましょう。

宮崎氏インタビュー前回のまとめ

①　日本人の９割は欧米の常識に反する間違ったファッション知識を持っており、国際交渉の場や海外人脈を作る上でハンディになりかねない。

②　特に、クールビズ期間中の半袖ワイシャツは、国際的なビジネスファッションのルールを大きく逸脱しており、衛生面でも問題あり。

③　ワイシャツの下にランニングなどを着る「ツキノワグマ」も問題外で、シャツの下は素肌が国際常識。ただ、日本のような高温多湿の国で「シャツに素肌」だと、汗で乳首や胸毛が透けかねない。イタリアなどと異なり、日本女性は男性の「透け乳首」「透け胸毛」に不快感を持つ方もいるので、これについては答えを保留し、考えさせてほしい。

――こうして振り返ると、そこまで読者を刺激する内容には思えないんですが。

宮崎　ただ今、振り返ってみると、「半袖はダメ」「ツキノワグマはダメ」と一つの意見だけを主張するのでなく、もっと選択肢を用意しながらお話しすればよかった、と思っています。会社員といっても働いている環境は人によって様々で、気温28度のオフィスで作業する方もいれば、炎天下での外回りをする方もいる。

――確かに、外回りをされている方からは、「半袖がNGなら、暑くてどうにもならない」「ツキノワグマがダメなら、シャツが汗まみれで相手に不快感を与えて商談にならない」と反感を買ってしまったかもしれません。

宮崎　そこで今回は選択肢を増やし、「業務上、どうしても半袖を着ざるを得ない人」や、「ワイシャツの下に何かを着たい人」への回答も用意しました。加えて、前回は保留させていただいた「透け乳首問題」についても、完全決着を付けたいと思います。

――よろしくお願いします。では、まず最大の懸案である「透け乳首問題」から終わらせてしまいましょう。

宮崎　分かりました。それについては前回の取材から改めてじっくり考えたのですが、ファッションには2つの目的があると思うんです。一つは、自分自身が気分良く過ごすこと。もう一つは、その日会う相手の方にも良い気分になってもらうことです。

いくら自分が快適でも、相手に不快感を与えてしまえば良いファッションとは言えません。その原則に照らし合わせれば、イタリアの女性がどうであれ、普段接する日本の女性が、男性の「透け乳首」「透け胸毛」に不快感を持つというのであれば、それは避けるに越したことはない。

最大の懸案は〝魔法の下着〟で秒殺回答

――おお、そこは、前回の主張から大きく転換した部分ですね。

宮崎　誤解なきように言っておきますが、ファッションの本場イタリアでは、「透け乳首」「透け胸毛」を隠す文化はありません。むしろ胸毛などはある方がモテる。植毛する人もいるくらいですから。でも、ここは日本ですよ、という話です。

――なるほど。ただ、問題はいかに隠すかです。ここで、うかつに普通の肌着を着てしまえば地肌は透けなくても「ツキノワグマ」と嘲笑される事態が待ち受けています。改めてお聞きします。宮崎さん、結局、ワイシャツの下は何を着ればいいのですか。

宮崎　グンゼの「ＳＥＥＫ」です。

――明快な答えが出ました。白いワイシャツの下に着ても透けない、いわゆる「ステルス下着」の代表的ブランドですね。前回の取材の時には発売されていた？

宮崎　既に発売されていましたが、今のＳＥＥＫは当時より一段と進化を遂げました。汗も吸うし、すぐ乾き、デオドラント性能も強化された。素材の進化により、着ていても暑苦しさを感じません。確かに、ファッションの国際常識ではシャツの下が素肌なのは事実です。が、「着ているように見えなければ、それは着ていないのと同じじゃないか」と柔軟に考えるようにしました。

――自分が黙っていれば、ばれませんもんね。なるほど、ＳＥＥＫなら国際常識もクリアし、「ツキノワグマ」にも「透け乳首」にもなりません。

宮崎　おそらくこれが現時点で「結局、ワイシャツの下は何を着ればいいのか」という問いに対する〝最も正解に近い答え〟だと思います。

――なるほど。グンゼ恐るべし。中高年社員はこれで救われそうです。

宮崎　ただ、読者の中には、ＳＥＥＫに頼らず、あくまでビジネスファッションの国際常識を貫き、シャツの下は素肌で行きたいという方もいるでしょう。

——お洒落にこだわる人はそうかもしれませんが、でも素肌では「透け乳首」は回避できません。

〝素肌派〟はベストを使って隠す

宮崎　大丈夫です。そういう人はベストを着るといい。ベストを着れば、シャツの下は素肌のまま、地肌が透けるのを防ぐことができます。

——それはそうですが、ベスト？　夏場に？

宮崎　ＳＥＥＫ同様、ベストの素材もここ数年、大変な速度で進化を続けています。少なくとも冷房の効いたオフィスで着ている限り、暑さはまず感じませんし、汗もかきません。百歩譲って汗をかいて地肌が透けたとしましょう。でもこのようにベストを羽織っていると、どうです？（宮崎氏、涼しげなデザインのベストを羽織る）

——おお、ちょうどぴったり乳首が隠れている！　しかもより涼しげに見えます。

宮崎　でしょう？　素肌派でオフィス勤務の人は会社に「置きベスト」をしておくといい。

——しかし、ＳＥＥＫを着ずに会社にベストを置いておく場合、通勤時間中に汗をかくと、無防備な状況になってしまいますが。

宮崎　そこは割り切りです。先ほど、ファッションの目的は「お会いする相手の方にも良い気分になってもらうこと」だと言いました。その相手の範囲をどこまで広げるか、という話です。

――会社や取引先も、通勤中にすれ違う見知らぬ人も、すべての女性を不快にさせたくないという中高年男性は、SEEKで完全防備せよ、と。

宮崎　一方、見知らぬ人の目はそんなに気にしなくていいじゃないかというなら、「素肌＋置きベスト」でもいいと思います。大体、出勤途中に見知らぬ中高年男性の胸元を凝視する女性なんて少ないはずです。

――SEEKとベストの合わせ技で「透け乳首問題」は解決しました。続きまして「半袖問題」も片づけちゃいましょう。半袖に関しては、否定的な見解は前回と変わりませんか。

宮崎　できれば半袖ではなく、長袖をロールアップして着こなしていただきたい、というのが本音なのは事実です。でも先ほど申し上げたように、様々な事情で半袖が必要な方もいるでしょう。そこで、半袖派の人へのアドバイスですが、やはりSEEKを着ていただきたい。

――半袖であろうとＳＥＥＫさえあれば、とりあえず地肌は透けません。

宮崎　加えてＳＥＥＫがあれば、半袖シャツのもう一つの重大な問題も潰せます。半袖の大きな問題点は、アームホールからわき毛が見えることです。これも相手に不快感を与えます。

やはり落とし穴が多い半袖シャツ

――ダンベルアームカールなどで上腕二頭筋を徹底的に発達させて、アームホールを埋めてしまえばどうでしょう。

宮崎　アームホールを完全に埋めるには二の腕を、細身の女性の太もも並みにしないといけません。そうすると、今度は体格が良すぎてスーツが似合わなくなる。

――なら、わき毛を処理すれば。

宮崎　ダメですね。万一、わき毛処理が見えてしまえば、「いい歳をした中高年男性がわき毛を処理している！」と逆に奇異な印象を与えかねません。中高年男性のファッションの基本は、「自然」です。どうしても半袖を着たいならＳＥＥＫを着るべきです。

――なるほど。

宮崎　でも本音を言えば、やはりそれなりの社会的地位にある中高年男性には、半袖はあまり着てほしくないです。特に白の半袖のワイシャツに、紺やグレーのスラックスで通勤しているお父さんは、一度でいいから自分の姿を鏡で見てもらいたい。部活帰りの中高校生ですよ。

ミドル世代ともなれば役員に急に呼び出されて、プロジェクトや現場の最新状況を問いただされることもあるでしょう。役員の方は、いつ要人や重要顧客に面会してもいいように、国際常識に従った洗練されたファッションをされているはずです。そんな役員室に、中学生の姿をした中高年が入っていったらどうなりますか。

――「うわあ、何だ、こいつは」的な空気にはなりそうです。

「俺の裏地を見てくれ」と言われても誰も見ない

宮崎　もう一つ言えば、クールビズでネクタイを外すと、胸元が寂しくなります。それを埋め合わせるためでしょうね、最近、妙なデザインをあしらったワイシャツが増えていませんか。ボタン糸に赤や青などの色が付いていたり、襟に裏地が張ってあったり。

――あります。あれもダメ？　お洒落なのかと思っていました。

宮崎　避けた方が無難ですね。個性を演出しているつもりなんでしょうけど、ファッションの国際常識からは全く外れています。おかしなデザインの上、半袖でわき毛が見えていたら、完全にアウトです。本人は「俺はお洒落に気を配っている。この襟の裏地を見てくれ、このボタン糸の色を見てくれ」と思っていても、周りはそんなものは一切見ないで、アームホールからのぞくわき毛を見て、目のやり場に困っている。それが現実です。

――でも、そういう人、結構いますよね（笑）。制服ファッションにせよ、おかしなデザインシャツにしろ、ルールを逸脱すれば、いくらＳＥＥＫを着ていても台なしというわけですか。ファッションというのは奥深いものですね。

結論

ワイシャツの下に何を着るか悩む人の末路は？

「ツキノワグマ」も「乳首透け」もダメ
グンゼのＳＥＥＫが現段階の最強対策

解説

「ビジネスパーソンとファッション」は経済誌の定番テーマで、よく取り上げられます。ところが、読者、とりわけ年配の方からの評価は決して高くありません。具体的には「たとえ一部とはいえ、ファッション企画を掲載するぐらいなら、経済誌らしく『国際情勢』や『景気動向』『企業の具体的な経営戦略』などに誌面を割いてほしい」という声が届きます。

そうした読者の方と対話をしていると、往々にして、そこには「俺は中身で勝負する。外見なんか気にしない」という価値観が見え隠れします。まさに「ボロは着てても心は錦。外見だけ着飾っても、中身がなければ意味がない」というわけです。

「外見より中身」では国際社会に通用しない

しかし、グローバル化により状況は変わりました。宮崎さんの言う通り、国際ビジネスの場では、**ファッションは今や「自分が〝常識ある真っ当な人間〟であること」を示す貴重なツール。**「中身」だけでは、勝負したくてもできない時代になっています。

そういうわけで、ファッションの国際ルールに則り、かつ顧客にも同僚にも不快な思いをさせないため、ワイシャツの下に何を着るか悩む人が取るべき選択は次の通りです。

① ワイシャツの下にはグンゼのSEEK（それに該当する肌着）を着用する

② ワイシャツの下に何も着たくない〝素肌派〟はベストを着用する

③ 半袖はなるべく着用しない

今後、技術革新により「風通しがよく透けないワイシャツ」などが開発されない限り、これ以外の選択は当面ないと思われます。

さて、これにて「夏場、ワイシャツの下に何を着るべきか」という多くの男性社員が悩み続けた問題は完全決着したと思います。

が、時代が変わる中、私たちが「見られていること」を意識しなければならなくなったのは、必ずしも服装だけではありません。例えば、職場でのPC利用も、「ワイシャツの下」以上に周囲の目を気にしなければいけないことの一つです。

皆さんは、オンラインショッピングであれ趣味の情報収集であれ、職場のネットサーフィンをほぼすべて、会社に捕捉されていることをご存知でしょうか。

企業が社員のPCを監視し始めたのは2000年代からで、今では大企業の約7割が、社員の職場でのネット利用状況をモニタリングしているとの統計もあります。そのモニタリングは極めて詳細で、例えばあるシステムでは、所属部署と氏名を選択すると、特定の社員がその日閲覧した膨大な数のURLが時系列で表示されていきます。

会社では、PCの使い方もしっかり見られている

企業による職場の監視自体は、今に始まった話ではなく、防犯や事故防止を目的とした販売現場やインフラ施設への監視カメラの導入は、1960年代までさかのぼります。IT機器が発達した1990年代後半以降は、効率向上のため従業員の作業姿などを記録する工場や研究所も増加。さらに最近はGPS（全地球測位シス

テム）機能付き端末を運転手や営業部員に持たせて、移動経路や運転速度を把握する企業も珍しくありません。職場のＰＣ監視についても、個人情報保護法上、監視の事実を会社から通知されている人も多いはずです。

ですが、大半の人は見られていることは知っていても、閲覧サイトのＵＲＬが秒刻みで記録されていることまでは知らなかったのではないでしょうか。

こうした端末監視システムは、これまでは社員の監視というよりも、むしろ情報漏洩対策に使われてきました。が、今後はそれ以外の目的にも使われる可能性があります。端末操作記録は格好のリストラの材料にもなるからです。

行き過ぎた職場の監視については、プライバシー権の侵害と考える専門家も多く、訴訟も起きてはいます。ただ、２００５年の労働政策研究・研修機構事件（東京高裁）など、社員監視を巡る裁判はいずれも「社会通念上相当な範囲を逸脱しない限り、企業の監視はＯＫ」が結論。今の状況は、強まりこそすれ弱まることはないのが実情です。

他人の目を気にするのは疲れることではありますが、**「見られていること」を意識するに越したことはない**。そんな時代なのは確かなようです。

男の末路

神経生殖内分泌学の専門家、早稲田大学の山内兄人名誉教授に聞く

人口減少、労働力不足という日本の危機を救う切り札として期待されている女性活用。企業や政府の「女性が働きやすい職場作り」も徐々に効果が表れ始め、既に様々な分野で、女性の活躍が目立ちつつある。その一方で、気がかりなのが、企業の現場を中心に、「最近の男性は年齢を問わず元気がない」「女性より頼りにならないし期待できない」という声が盛んに上がり始めていることだ。

そんな中、「学術的に見ると、現代男性に疲れが出ているのは致し方のないこと」と指摘する専門家がいる。そうした「男性の弱体化」は、今後、第4次産業革命が進展する中、ますます深刻化する恐れもあるという。

どんなに女性が頑張っても、社会を支えるもう一方の柱である男性が不甲斐なければ、日本経済は危機を回避できない。男性弱体化の原因や、女性の強さの秘密を聞いてきた。

――社会の様々な分野で女性の活躍が目立ちつつある一方で、「最近の男性は元気がない」という声が、企業の現場から上がり始めています。専門家の中には、「女性は男性よりストレスに強い生き物で、生物学的には、今のような厳しい労働環境での仕事は女性の方が向いている」という指摘をする人もいます。

山内　僕は神経生殖内分泌学が専門であって、ストレスのプロではないので、その点については、正しく理解しているかどうか自信がありません。

そもそもストレスというもの自体、曖昧に使われていて、その本質はまだ十分に解明されていないと僕は考えています。例えば、ストレスを生じさせるものをストレッサーと言いますが、同じ現象でもAさんには強いストレッサーになるものが、Bさんには何の影響も与えないなどということが頻繁にあります。また、ストレッサーは必ずしも本人が「嫌だ」と思うことだけではありません。

妊娠機能の有無が企業社会の男女差にも影響

――そうなんですか。

山内　脳の機能の容量以上に頭を使ったり、体を動かしたりすると、脳の働きが鈍くなり、自律神経の働きが低下して、心身に異変が発生する。これがストレスだと僕は解釈しています。つまり、本人は「楽しい」と思っていることでも、結果として自律神経に悪影響を及ぼせば、ストレッサーになり得る。

要は、何がストレッサーになり、そのストレッサーがどの程度のマイナス作用をもたらすかは、一人一人千差万別なんです。そんな前提に立つと、「女性の方が男性よりストレスに強い」と大きなくくりで語ることは難しいのではないかと思います。

――しかし最近は、「男と女は脳に違いがあって、男脳より女脳の方がストレスに強い」という指摘もあるようですが。

山内　男脳、女脳についても、ストレスと同じことが言えると思います。様々な解明が進んでいる脳研究ですが、こと性差に関しては、膨大な未知の領域が残っています。

――「男脳は空間認識に優れ、女脳は言語能力に優れる」などとよく言われていますが。

山内　確かによく言われています。が、いずれも科学的エビデンスは十分ではないと思う。「もしかしたらそうかも」程度のレベルで考えておいた方がよいのではないでしょうか。

――とすると、性差というものを、科学的に語ることはできない？

山内　もちろん、そんなことはありません。誰にでも分かる明白な男女の違いは何か。それは「妊娠機能の有無」です。脳についても、この部分については明確な差を観測することができます。そして、この妊娠機能の有無によって、現在、企業社会における男性と女性の差についても、多くの部分を説明することが可能です。

女性の方が環境変化に強く「生き延びる力」に長ける

山内　例えば、女性が男性よりストレスに強いかは何とも言えませんが、男性よりも「我慢強い」のは間違いありません。理由は単純明快で、妊娠というイベントに持ちこたえるには、そうである必要があるからです。妊娠というのは、〝別の個体〟を自らの体内に10カ月間保持することですから、それだけで精神的かつ肉体的な寛容性が不可欠です。胎盤を介して子へ栄養を与えるとともに、子から不要物を受け取る。10カ月間は、子の肺であり腸であり腎臓であり続けなければなりません。

――考えてみたら大変なことですよね。

山内　そう考えると、女性の肉体や精神が男性より丈夫なのは当たり前のことなんです。

当然、環境変化にも強いし、病気に対する抵抗力など広義での「生き延びる力」に長けている。

――平均寿命の差を見ても、それはよく分かります。

山内 そうした妊娠機能を由来として生まれる女性の特徴は、単なる「耐久力の高さ」だけではありません。出産すれば、育児が待ち受けます。子育てというのは、子供との対話の積み重ねですよね。男性よりも優れていると言われるコミュニケーション能力（相手を思いやることの能力）や言語能力はここから生まれてくる、と僕は考えています。

――なるほど。確かに、「外国語のレベルは女性の方が総じて高く、海外志向が強い」という指摘も様々な場所で聞きます。

山内 付け加えると、女性社員の海外志向が男性よりも強いとすれば、それは言語能力の高さだけが理由ではないと思います。男性は、その社会的役割上、もともと「臆病で積極的でない生き物」なんですよ。

例えば、こんな実験があります。オスのラットを新しいケージに入れると、まず箱の隅を歩き回って安全性を確認し、テリトリーを確立して、そこで初めて中央に進み出てきます。

対してメスは、最初から堂々としていて、不安そうな素振りを見せず、自由に行動します。これは、オスとメスの本能に由来する社会的役割の違いから出るものだと説明できます。

――どういうことでしょう。

なぜ女性の方が外向的で積極的なのか

山内　メスが「妊娠して子孫を残す役割」を持つとすれば、オスの任務は「外敵から家族を守ること」です。だからいつも縄張りを意識するし、周囲を警戒している。慎重ですから、環境が変わるとまずは状況の確認を最優先して、なかなか新しい行動に移ろうとしません。

一方で、メスはそうではなく、〝守られている〟という前提で行動します。だから、環境が変化しても、当初から積極的で思い切った行動をする。人間でも、その傾向は当てはまると思いませんか。僕はよく知りませんが、女性の方が海外への転勤に限らず、転職などでも大胆な決断をするのではないですか。

――確かに。

山内　そうした男女（雄雌）の社会的役割は、おそらく我々人類が誕生した時、あるいはそれ以前から続いてきたもので、非常に強固なものです。狩猟採集の時代はもちろん、農耕社会、そして現代になっても、男性は「家族を養い守るのが自分たちの役割」だと少なくとも本人は確信して生きてきた。けれど社会の変化や、複雑化、それに身体能力の低下に伴い、それだけではやっていくことができなくなったことから、弱さが表れてきたのかもしれません。それを「弱体化」と言うのであれば、社会的役割の疲弊と言えるかもしれませんね。

――とすると、極論すれば「我々現代男性には今、人類の祖先がチンパンジーやボノボとの共通祖先から分岐して以来の、実に600万年分の疲労が出ている」ということになりませんか。

今、爆発する600万年分の思いと疲れ

山内　その仮説を発展させると、現代女性が元気な理由も説明できます。女性は男性と逆

に、人類誕生以来、延々と家庭を守り続けてきた。原始の時代、獲物を捕獲したいと思った女性もいたかもしれないが、子供をお腹に抱えていたり、男性が作った制度などに縛られたりして、それが許されなかった。その制限が消え始めたのは、産業革命が起こり、民主主義が誕生して以降の、人類史的には「つい最近」のことです。そう考えると、現代女性に、元気とやる気があるのも当たり前のこととも言えます。

——なるほど。600万年分の思いが今、爆発している女性と、同じ年月分の疲れが出ている男性。だとすれば、草食化もやむを得ませんね。

結論

男の末路は？

草食化やむなし。男性には600万年分の疲れが出ている

解説

山内さんの説明をまとめるとこうなります。

①女性は、妊娠に持ちこたえるため、男性より我慢強い体になっている

②女性は、子育てを遂行するため、男性より高いコミュニケーション能力を備える

③女性は、長年の社会的役割から、男性よりも大胆な決断が得意

平均寿命の違いなどから、世間ではよく言われてきたことではありますが、生物学的にも「女性の強さ」は明確に証明できる、というわけです。

世の中には女性と男性しかいませんから、多少、女性が生物学的に強かろうと互いに助け合っていけばいいと思うのですが、男性の弱体化が深刻になると、社会に様々なひずみも生まれてきます。その代表例が、リーマンショック以降、米国で蔓延した「男性不況＝マンセッション」です。

マンセッションとは、「Ｍａｎ（男性）」と「Ｒｅｃｅｓｓｉｏｎ（景気後退）」を組み合わせた造語で、女性より男性の失業率が明らかに高い状態を指します。米ミ

シガン大学の経済学者マーク・ペリー教授が2009年に提唱し、注目されました。

それまで米国の不況期は、女性の方が男性よりも失業率が高くなるのが一般的なパターンでした。それが一転、女性に比べて男性の失業率が高くなる現象が表れたのは、2008年秋のリーマンショック後の2009年からです。原因は「男性が得意な仕事」が減少し、「女性が得意な仕事」が増加したためです。前者の例は建設業と製造業で、後者の例は教育と医療です。

女性活用も大事だが、男性〝喝〟用も重要

建設業や製造業の現場では、男性が苦手なコミュニケーション能力を強く要求されることはなく、対人関係のストレスも相対的に低くなります。実際、米国では建設業では約9割、製造業では約7割が男性社員とされています。一方で、教育や医療はコミュニケーション能力が極めて重要な仕事で、対人ストレスも高い。現実に、米国の場合、両産業の女性の従業員比率は7割まで上昇します。

こんな状況で、米国ではリーマンショック後、建設業の雇用が全米で2008年

の760万人から、2009年に590万人まで、同じく製造業の雇用が1400万人から1100万人まで減りました。同時期、教育や医療の雇用は安定していましたが、建設・製造業から追い出された男性失業者たちが、そうした新産業へ流動することはありませんでした。

問題なのは、AI（人工知能）やIoT（モノのインターネット）、ロボットが今後、仕事の現場に本格的に普及すれば、「男性が得意な仕事」は、米国のみならず世界的に減っていくことです。

人口減少対策の切り札として「女性活用」を掲げる日本政府ですが、本当に男性が女性より〝我慢弱く〟、コミュニケーション能力も低く、なおかつ「600万年分の疲れ」が出ているとすれば、たとえ女性の社会進出が進んでも、代わって無職の男性が増えかねません。

日本は労働力を維持するためにも、**女性活用だけでなく、男性〝喝〟用も検討し**なければいけないのかもしれません。

アジアの路上生活障害者の末路

アジアの実情に詳しいノンフィクション作家の石井光太氏に聞く

2008年のリーマンショック以降、成長鈍化が顕在化してきたものの、中長期的には依然、世界経済発展の原動力として期待されるアジア新興諸国。少子高齢化の影響で国内市場のパイ縮小が避けられない日本企業も、引き続き新興国マーケットの攻略に力を入れている。

だが、経済面で急成長してきたアジアの国々の一部には、底知れない闇がある。貧弱な福祉政策と、それに伴い、社会からはじき出され、一部は裏社会に吸収された膨大な路上生活障害者だ。

皆さんも、仕事や旅行で現地を訪れた際、路上生活障害者の数に驚いた人は多いのではないだろうか。普段報じられることはないこの新興国の闇を追い続けてきたノンフィクション作家の石井光太氏に話を聞いた。

――アジアの路上生活者や障害者を訪ねる旅をまとめた衝撃のノンフィクション『物乞う仏陀』（文春文庫）を上梓されて、10年以上経ちます。なぜこの分野に興味を持たれたのですか。

石井　大学1年生の時に、アフガニスタンとパキスタンへ旅したことがきっかけです。1990年半ば、当時は冒険的な海外旅行が学生の間で流行っていました。秘境に行けばそれだけ自慢できる時代で、たまたま友人の一人がインドへの冒険行を武勇伝のように話していたんです。だったら、自分はもっとすごい場所に行ってやろうと地図を見たら、インドの北にパキスタンとアフガンがあった。初めての本格的な海外旅行でした。

内戦で揺れていた危険地帯に敢えて足を踏み入れたのは、もう一つ、理由がありました。この頃から僕は、既に「将来は物書きになりたい」と考えていたのですが、一方で、純文学にせよエンターテインメントにせよ、物書きとして身を立てるだけの強烈な「何か」が自分には足りないという自覚がありました。

ならば、その「何か」を恣意的に作るしかない。「アフガンとパキスタン国境を旅する」という他人がやっていない体験を積むことでその「何か」を手にすることができるのではという思いもあったんです。

紛争地で感じた「何もしてあげられない無力感」

――だが、パキスタンとの国境沿いにあるアフガン難民キャンプで想像以上のショックを受けられます。地雷で両足を吹き飛ばされた少年、顔中に火傷を負った老婆……。戦地からの逃亡者を前に言葉を失ってしまう。

石井　彼らが極めて悲惨でかわいそうな環境にあることは、日本のテレビ番組で見ていたから、目の前の事実自体はある程度、受け止められました。それ以上にこみ上げてきたのは、そんな状況を前に何もできない自分に対する無力感でした。

逃げるように帰国した僕はその後、大学生活を続けて卒業するわけですが、その間もずっとアフガンとパキスタンでの体験が心の中に残っていて、いつかは克服せねばならない〝自分の中の壁〟になっていた。

同時に、「あの悲惨さの裏にある彼らの日常を知りたい」とも思うようになった。そこを書けば、ルポルタージュとして、沢木耕太郎さんや藤原新也さんとは違うものを表現できるのではないかと思ったんですね。本格的に旅に出たのは2002年の夏、大学卒業から1年半後のことでした。

――そうして『物乞う仏陀』では、まずカンボジア編が描かれるわけですが、ここで読者はいきなり裏切られる。語弊があるとは思いますが、路上生活障害者の方々が意外なほど明るく楽しそうな印象を受けました。

石井　僕も、実際に彼らの日常に飛び込んだ結果、いい意味で裏切られたのを覚えています。「物乞いの日常は、悲しみと辛さに満ちている」と思っていたら、全然違う。自分なんかより人間として遥かに強く、たくましいことに驚いた。確かに、取り巻く環境は辛い。でもその辛さを彼らは笑い飛ばしていた。

――アンコール遺跡があるシェムリアップで出会った、地雷障害者で左足のないリンさんなんて、酒好きで、女好きで、何というか〝元気〟なんですよね。

石井　強さの源は何だろうと考えました。当時のカンボジアには地雷で負傷した物乞いが多数いましたが、考えてみれば、本当にどうしようもなく辛ければ、人は死を選ぶと思うんです。

でも、生きてるってことは、彼らの日常にも何か光があるからだと考えました。濃密なコミュニケーションを取って分かったのは、カンボジアの物乞いたちの多くは夢を持っていた。先ほど話に出たリンは、自動車修理業を立ち上げたいと本気で思っていた。

地雷で左足を失っても夢を持てる「ラフな世界」

——そうなんですか。

石井　日本では、路上生活者が社会復帰して事業を立ち上げるなんて、まず難しい。でも、当時のカンボジアならできてしまう。複雑な許可も要らないし規制もない。仲間と工具を揃えて道端でパンク修理でも始めれば、その日から彼らにとってはもう開業です。そうやって事業を大きくした元物乞いも現実にたくさんいた。

だからリンだけでなく、多くの物乞いは、今の状況を抜け出したら「あんなことしよう」「こんなことしよう」と本気で考えていました。夢があるから明るいんですよ。もちろん、将来の夢を誓ったその日から、酒を飲んだり、買春したりして、散財してしまうこともあるわけだけど、それでも夜になると「明日、ツアー客が来て、まとまったお金が手に入ったら開業しよう」などと笑いながら話しているんです。

——たくましいですね。

石井　当時のカンボジアのような「ラフな世界」では、極論すれば、生きていくのに現金が必要ない。その日収入がなくても、どこかの店に入れば水はもらえるし、トイレも貸してもらえる。配達を手伝えば余りものを分けてもらえることもある。

それが、国が少し発展して国家による福祉が充実してくると、逆に、物乞いにとって辛い環境になったりする。例えば、タイがそうです。

――僕も読んでいてそこはすごく感じました。タイの路上生活障害者の方がカンボジアより辛そうです。カンボジアより福祉は相当進んでいて、例えば国が「宝くじ売り」という仕事を一応は用意してくれているのに。

石井　もちろん、福祉が発展するメリットもたくさんあります。カンボジアでも、すべての物乞いがバイタリティーにあふれているはずはなく、中には困難を笑い飛ばす強さがない人もいます。そうした人たちは福祉がなければ〝自然淘汰〟されるしかない。福祉制度が発達していれば、彼らを救うことができます。

でも一方で、中途半端な社会の福祉システムに組み込まれてしまうと、自由や夢を持つことが逆に難しくなる。新興国が用意している障害者用の仕事はどれも割に合わないんです。「宝くじ売り」もそうだし、「演奏家・カラオケ歌手」や「もの売り」も、生きるだけで精一杯の収入にしかならず、かといってほかの選択肢もないまま、延々と厳しい日常が続いていく。

国が発達すると、路上生活障害者はかえって夢を失う

――「宝くじ売り」も様々な問題があって、買い取り制のため、資金がない人は代理販売をするしかない。まとまった宝くじを国から買い受けて障害者に卸す胴元がいて、その胴元が売り上げの大半を搾取する仕組みになっている。

石井　それでも、福祉政策の恩恵を受けられている人は、「まだまし」とも言えます。不法移民など、国のセーフティネットからこぼれてしまう人たちは、もう反社会勢力しか頼れない。

――石井さんは、反社会勢力によるタイの物乞いビジネスの仕組みも解き明かしました。そこでは、「路上生活者を拘束して収入をからめ取るシノギは存在するものの、住居や食事の面倒を見た上で逃げ出さないように24時間監視する手間を考えると、カネにならないから、マフィアが大々的にやっている商売ではない」という結論になっています。

石井　一般的に想像されるマフィアのビジネスではなく、〝チンピラの小遣い稼ぎ〟ですね。現地で様々な人間に話を聞いた結果、仮に、物乞いビジネスに手を出してもうまみがものすごく少ないことや、普通のマフィアであれば、売春や賭博、麻薬で大金を得る選択をすることがよく分かりました。

――なるほど。それにしてもなんで、アジアの国々はあれほど路上生活障害者を見かける機会が多いのでしょう。障害者の数自体が多いという統計もありますが、だとすれば、なぜそうなってしまうのか。

石井　発展途上国で障害者が多いのは、一つは、後天性の障害者が多いからだと思います。まず、交通事故が頻繁に発生する。道路インフラも悪いし、交通ルールを守る意識も高いとは言えず、重大な後遺症が残る事故があちこちで起こります。

加えて糖尿病も深刻です。極端に甘いものを好む人も多く、糖尿病に関する知識もほとんどないので、合併症で足を切断したり、失明したりする人が後を絶ちません。ドラッグによる障害も多い。流通しているドラッグの質も悪いので、余計、後遺症が残りやすい。

また感染症の問題も大きいですね。特に目は体の中で粘膜がむき出しになっている唯一の部分だけに、衛生状況が悪い国では細菌やウイルスに感染してそのまま失明するケースが日本よりずっと多い。内臓が機能不全になれば人は死ぬけれど、目が見えなくなっても死なない。だから貧困国になるほど目が不自由な人を街で見かけることが増える。紛争地などでは爆風などで目を失う人も加わります。

――途上国の路上生活障害者を救うには、一体どうすればいいのでしょう。

石井　とても難しい問題です。国家による福祉政策の強化は、既にカンボジアとタイの比較でお話しした通り、かえって路上生活障害者から希望や夢を持つチャンスを奪い、生き辛くさせる可能性がある。そう考えると「今ぐらいの方がいい」という見方すら成り立ちます。現地の状況は、一部に悲惨なケースは残り続けるものの、２０００年代に比べて劇的に改善し、その一方で、今のところは、彼らが希望を持てるゆるさも残っている。

ただ今後、途上国で人口が一段と増えていくことを考えれば、そうも言っていられない。インドの人口が16億〜17億人を突破していけば、現状のセーフティネットではとても貧困層を支えられません。生きていけない貧困層が国外へあふれ出し、必ずや世界的問題になります。世界にとって新たな社会不安やテロリズムの温床になる。

――仮に管理を進めるにしても、すべての路上生活障害者を救済するには、気の遠くなる時間が必要です。無力感からこの仕事を始められたわけですが、世界はこのまま何も変わらず、無力感は今後も解消できないのでは、という不安はありませんか。

それでも書き続ける理由

石井　無力感はあります。でも僕は書き続ける。ルポライターとして様々な辛い境遇にある人たちを描き続けてきたわけですが、どんな深刻な問題も「(解決へ向けて)やりようはある」と感じてきました。

例えば僕は、子供を虐待して殺してしまった親の事件ルポ『「鬼畜」の家〜わが子を殺す親たち』(新潮社)を書きました。そこには、子供をウサギ用のケージに監禁し衰弱死させた夫婦などが登場します。世間は彼らを冷酷無比の鬼畜のような人間だと思っていますが、取材してみると違う。彼らは愛という感情を持っているし、自分たちが子供を殺したことを本気で悲しんでいた。血も涙もない殺人鬼ではなく、ただ愛し方が分からないまま育ってしまった人たち、と表現した方がいい。彼らと接すれば接するほど「(虐待問題の解決へ向けて)全くやりようがないわけではない、やれる余地はある」と感じています。彼らがそう育ってしまった〝何か〟を正すことができればいいのですから。

こうしたことは海外の問題についても言えることです。貧困やテロや差別が良いなんて考えている人はいません。みんなそれぞれの立場で社会を良くしていきたい。やりようは必ずあるのです。

では何をどう正せばいいのか。そんなに単純に答えが出るわけがないし、その答えは時代によって変わってもいく。だからこそ、僕は書き手として問題提起をし続けていく必要がある。それが僕の役目だと思っています。そうすれば僕の文章を読んだ誰かが、その時代に合った方法を考えて実践してくれるかもしれない。だから、僕はこれからも悲惨な境遇にある人たちを描き、彼らの光を一つ一つ見つけ、そこに「やりようがあること」を社会に示していきたいのです。

結論

アジアの路上生活障害者の末路は？

事態を放置しておけば私たちを脅かす問題になる

解説

経済誌の記者という仕事柄、昔から海外、特にアジア諸国に出張する機会がそれなりにありました。取材の主目的は、新興国市場の開拓に挑む日本企業の現地法人への訪問でしたが、ずっと気になっていたのが、新興国における路上生活障害者の多さでした。

この問題に関する石井さんの見解はシンプルです。

①　新興国の福祉政策が多少充実しても、すべての路上生活障害者を救うことはできない（むしろ発展の過程で「生きる希望」を失う路上生活障害者が続出する）

②　やがて生きていけない貧困層が国外へあふれ出し、世界にとって新たな社会不安やテロリズムの温床になる

要は、遠く離れた豊かな日本で暮らす私たちにはどうすることもできない、というわけです。では私たちは、ただ状況を見守るしかないのでしょうか。石井さんは、「やりようはある」と断言します。

石井さんによると、アジアの路上生活者の中で最近、以前には見られなかったある現象が起きているそうです。「自分たちの国をとても自慢するようになったこと」です。背景にあるのは国の経済発展です。アジアの新興国は2000年代に入り、経済的に急成長を遂げました。街は一気に近代化し、高級外車が走り、大型ショッピングモールで外国の高級ブランドが売られるようになりました。

もちろん、そうした経済発展は、現地で地べたをはいずり回る路上生活者とは全く無縁の話です。それでも彼らは発展する街並みに自分たちのアイデンティティーを重ね合わせ、自信を持ち、将来に希望の光を感じ始めている。

だとすれば、日本にいながらでも、彼らのためにできることがあります。**一生懸命仕事をし、その国の経済発展に貢献する**ことです。

私たちが仕事をする本当の意味

私たちメディアで言えば、その国の実情や潜在力を取材して、日本企業（あるいは海外企業）が進出する上で必要な情報を一つでも多く提供する。メーカーであれば、現地に工場を作り、新しい雇用を一人でも多く生む。商社なら、現地で国際的競争力のある商品を見つけ出し、輸出増進に少しでも貢献する。農家の方なら、日本に学びに来た現地の若者たちにノウハウを伝える。

内需型の産業だって、これからは新興国と関わりを持たずにはいられません。国内飲食チェーンなら、これからは現地に出店する機会は増えるでしょうし、小さな雑貨店でも、現地の知られざる逸品を輸入販売すれば、現地経済を活性化させる一助になります。

ビジネスパーソン以外でも、日本にいながらできることはあります。神奈川県大和市と横浜市にまたがるエリアに、通称「いちょう団地」という団地があります。全体の約2割の世帯が外国出身と言われているこの団地は、日本でも有数の超国際エリアです。ベトナム、ラオス、カンボジア、中国、ブラジル、ペルーなど10カ国以上から来た人が居住しています。

日本全国を見渡せば、外国人労働者などが集中的に居住する地域は、ほかにも多く存在しますが、少なからぬトラブルに見舞われているエリアも珍しくありません。しかし、いちょう団地には、壁の落書きも、無秩序なポスターも、怪しいマッサージ店の客引きも、住民がたむろして通行人を威嚇する光景もありません。外国人には難しいはずのゴミの分別もできていて、夕方、人が行き交う光景は、少子高齢化が進む日本人だけの一般的な団地よりむしろ明るく賑やかです。

異国から来た人々が溶け込めるのは、団地側とボランティア団体が一体となって、まず日本語をとことん教える仕組みがうまく回っているからなのですが、この〝日本語教師〟を買って出ているのは、周囲に住む高齢者たちです。アジアや南米からやってきた若者たちを自分の孫のように扱い、日本語を教え、若者たちは少しずつ日本の生活に慣れていきます。彼らはいずれ日本とベトナム、ラオス、カンボジアなどの橋渡し役となり、祖国の経済発展の原動力になるでしょう。そう考えれば、これもまた貧しい国の経済発展への立派な貢献です。

すべての仕事には意味がある

雑誌で新興国経済を紹介することも、異国から来た若者に日本語を教えることも、小さな小さな貢献かもしれません。でも、一つ一つの作業はたとえ些細なものでも、それは現地経済の活性化につながり、現地で明日なき日々を生きる路上生活障害者の希望にまでつながっています。

私たちが働いているのは、会社や自分のためだけではない。間接的かもしれないけれど、アジアで苦しむ子供たちの未来のためでもある——。そう考えると、目の前の仕事に対しやる気が出てきませんか。**すべての仕事は意味があるん**です。

おわりに

いかがだったでしょうか。全編を読んでいただいた方は、既にお気づきになったかもしれませんが、本書には、「人生で様々な選択をした人の末路を探る」とは別に、もう一つ、裏のテーマがあります。それは、社会や世間にうまく同調できずに悩んでいる方へのエールです。

ここまで様々な専門家の方が指摘してきたように、日本はとても同調圧力が強い国です。何事も目立たず、周囲と同じことをしなければならない。そうでない人は変わった人である――。そうした社会的風潮は間違いなく、日本人の人生を生き辛いものにしてきました。

実際、この国に暮らす人々が持つ悩みの種の多くは、〝人と違うこと〟です。ほかの人は友達がたくさんいるのに自分はなぜ「友達ゼロ」なのか、隣の人は子供がいるのに自分はなぜ「子なし」なのか……。「人と同じでありたい」と思う限り、悩みの種は一向に尽きません。

そして、何とか人と同じになろうと無理をして、新たな悩みを抱えてしまいます。十分な資金がないのに「賃貸派」を卒業して住宅ローンを組む、富裕層に負けない教育を子供に施そうとして「教育費貧乏」になる、個性がなによりという世間の風潮に流されて子供に「キラキラネーム」を付ける……。いずれも根底にあるのは、世間への同調です。

同調圧力をぶっ飛ばせ

しかし、ここまで読んでくださった方なら、そんな同調圧力に自分を合わせることがいかにナンセンスか、お分かりいただけたはずです。会社生活も私生活も、自分がそれを望むなら、堂々と〝人と違うこと〟をやればいいんです。

表面だけつながった薄っぺらな友達なんてゼロで構わないし、これからの社会は一生賃貸派でも何の問題もありません（「事故物件」には気をつけるべきですが）。お金がなければ身の丈以上の教育費を投じるのではなく、親が子供を教育すればいいし、子供に奇抜な名前を付けてまで個性的な人間に育てる必要などありません（キラキラネームを付ければ個性的に育つと考えるのはそもそも根本的な誤解です）。

自分が納得していれば、他人がどう言おうと「バックパッカー」になって世界を旅すればいいし（「学歴ロンダリング」はなかなかうまくいきませんが）、「海辺の町でのんびり暮らしたい」と思えば、それもいいでしょう（一定の社交性は必要です）。「グロい漫画」が好きなら心行くまで読めばよし、いくら政府が観光立国だ、おもてなしだと騒いでも、「外国人観光客」が嫌いなら無理しておもてなしをしなくてもよし。〝意識高い系〟の人に睡眠時間の短さを自慢されても、体が欲しているなら、知らん顔をして「8時間以上の睡眠」を確保しましょう。

自分が望むことを貫けば、毎日の仕事だって、ずっと楽しくなるはずです。「日本一顧客思いのクリーニング店」の社長は、過酷な仕事なのに元気一杯でした。「リモコン発見器」の開発者も、大企業の技術者よりずっと幸せそうです。楽しく一生懸命仕事をすることは、「アジアの路上生活障害者」の希望にまでつながっています。

同調圧力を気にしなければ、ストレスだって消えるでしょう。「首をポキポキ鳴らす」こともなくなるし、「体の硬さ」もほぐれます。「電車で『中ほど』まで進まない人」にイライラすることもなくなるし、喫煙率も下がり、「禁煙にしない店」も減るはずです。

特に「男性」の読者は、生物学的にもともと女性より〝我慢弱い〟のですから、意識して悩みをなくしましょう。少なくとも「ワイシャツの下に何を着るか」で悩むことはもうありませんよね。「不機嫌な表情」をしていると老けるだけですよ。

同調圧力なんて関係ない。今日から自分がやりたいことをやり、やりたくないことはやめましょう。お金なんて必要最低限あればいいんです。「宝くじで1億円」当たっても、ろくなことはないんですから。

この本を読んで、悩みとストレスを抱えながら頑張っている皆さんの気持ちが、少しでも軽くなれば、大変幸いに思います。

著者

2017年3月

取材協力者

瀧 俊雄（たき・としお）氏

1981年東京都生まれ。慶応義塾大学経済学部を卒業後、野村證券入社。野村資本市場研究所にて、家計行動、年金制度、金融機関ビジネスモデルなどの研究業務に従事。米スタンフォード大学経営大学院、野村ホールディングスの企画部門を経て、2012年よりマネーフォワードの設立に参画。

大島 てる（おおしま・てる）氏

2005年9月に、事故物件サイト「大島てる」を開設。当初は東京23区のみの事故物件情報を公示していたが、徐々に対象エリアを拡大し、現在では日本全国のみならず外国の事故物件も対象としている。公式ツイッター、フェイスブック、ラインのアカウントがある。書籍は『大島てるが案内人 事故物件めぐりをしてきました』（彩図社）など。「事故物件ナイト」をロフトプラスワンWEST（大阪）にて不定期開催中。事故物件サイトには英語版も存在。

牧野 恭仁雄（まきの・くにお）氏

命名研究家。12万人以上の名付け相談を受け、100万を超える名前候補にコメントしてきた命名の第一人者。主な著書は『幸せの扉をひらく 赤ちゃんの名前事典』（朝日新聞出版）、『子供の名前が危ない』（ベストセラーズ）、『未来輝く赤ちゃんの名前事典』（主婦の友社）など。

諸富 祥彦（もろとみ・よしひこ）氏

1963年福岡県生まれ。筑波大学人間学類卒業、同大学院博士課程修了。英イーストアングリア大学、米トランスパーソナル心理学研究所客員研究員、千葉大学教育学部講師、助教授を経て、明治大学文学部教授。教育学博士。日本トランスパーソナル学会会長、日本カウンセリング学会理事、日本産業カウンセリング学会理事、日本生徒指導学会理事。教師を支える会代表、現場教師の作戦参謀。臨床心理士、上級教育カウンセラー、学会認定カウンセラーなどの資格を持つ。主な著書は『孤独であるためのレッスン』（NHK出版）、『「他人の目」を気にせずに生きる技術』（大和出版）、URLは http://morotomi.net.

朝生 容子（あそう・ようこ）氏

1965年生まれ。慶応義塾大学卒業後、大手通信会社に入社。その後、社会人向け教育機関で法人向け人材育成コンサルティングなどに従事し、2012年から現職。フェイスブックページ「子どものいない人生を考える会」を運営。自らの不妊治療の失敗や、それに伴う仕事での挫折を契機に、キャリアコンサルタントとして独立。主に40代以上のビジネスパーソンを対象に年間200人以上の相談に従事。子供を持たない立場からダイバーシティ実現のための研修などへの登壇や執筆活動も展開。

小屋 洋一（こや・よういち）氏

株式会社マネーライフプランニング代表取締役、CFP、1級ファイナンシャル・プランニング技能士、首都圏ファイナンシャル・プランニング技能士会代表理事。慶応義塾大学経済学部を卒業後、リース会社に就職。2004年から不動産ベンチャーで営業、企画を担当しながら不動産投資実務について研究。2008年、個人のファイナンシャルリテラシーの向上をミッションとしたマネーライフプランニングを設立。現在は個人を中心にコンサルティング業務を行う。主な著書は『35歳貯金ゼロなら、親のスネをかじりなさい！』（すばる舎）、『くらしの相続Q&A～もめない相続のために』（共著、新日本法規出版）、『いわゆる「当たり前の幸せ」を愚直に追い求めてしまうと、30歳サラリーマンは、年収1000万円でも破産します。』（東洋経済新報社）など。

石川 貴康（いしかわ・たかやす）氏

茨城県生まれ。筑波大学大学院経営学修士、外資系コンサルティング会社、シンクタンクなどを経て、独立。主な著書は『サラリーマンは自宅を買うな』（東洋経済新報社）、『いますぐプライベートカンパニーを作りなさい！』（東洋経済新報社）、『サラリーマン「ダブル収入」実現法』（プレジデント社）など。

大塚 和彦（おおつか・かずひこ）氏

1970年埼玉県生まれ。國學院大学を卒業後、経営コンサルティング会社に入社。人生初の海外旅行で行った中国・上海で旅人になろうと決意。退職してバックパッカー生活を送る。2年を経て社会復帰。帰国後いくつかの会社を経て、2001年に有限会社ヴィジョナリー・カンパニーを創業。現在も代表として活動。

栄 陽子（さかえ・ようこ）氏
栄陽子留学研究所所長、留学カウンセラー、国際教育評論家。帝塚山大学卒業。1971年、米セントラルミシガン大学大学院教育学修士課程を修了。国際教育評論家として、自治体、教育委員会、大学、高校、専門学校で講演・コンサルタント活動を行うほか、新聞、テレビ、ラジオへの出演、雑誌などへの寄稿、情報提供や執筆活動も積極的に行う。

八代 健正（やしろ・たけまさ）氏
1968年、千葉県生まれ。中学の時に館山市に移住し、拓殖大学紅陵高校で野球に打ち込む。卒業後、ニュージーランドで暮らしマオリ族との親交も。帰国後、旅館経営などを経て、2008年からNPO法人おせっ会の理事長に就任。

川西 由美子（かわにし・ゆみこ）氏
オランダに本社を置き、世界39の国と地域に拠点を持つ総合人材サービス企業、ランスタッドのEAP総研所長兼ビヘイビアルヘルス（行動健康科学）コンサルタント。国内外の企業・スポーツ界、病院、学校などで「ココロの健康管理」に関するコンサルを手掛ける。企業向けに安全文化や品質向上のコンサルを手掛けるほか、海外では組織開発の講演に注力。現在はフィンランドで「リチーミングコーチ」資格を取得。日本とベトナム、インドネシアでリチーミングコーチ育成や企業、組織に対するリチーミング研修を展開。小児がん子供のための活動の認定NPO法人ゴールドリボン・ネットワーク理事などを務める。

米倉 一哉（よねくら・かずや）氏
心理臨床家、心理カウンセラー。中央大学在学中から、日本医療心理学院で精神医学や心理療法を学ぶ。大学卒業後、1984年から日本催眠医学研究所に入所。医療催眠法の第一人者・森定一氏に師事し、15年間の臨床経験を積む。同氏の逝去後に後を継ぎ、1999年日本催眠心理研究所（代々木心理オフィス）を設立。米カリフォルニア臨床心理大学院の研修先にも指定されている。元日本医療心理学院講師、現在は日本催眠応用医学会副会長、日本催眠臨床研究会理事長、有限会社心理オフィス代表取締役社長。主な著書は『1日5分 元気になる催眠セラピー』（中経出版）、『そしてウツは消えた！』（監修、宝島社）など。

松田 英子（まつだ・えいこ）
東洋大学社会学部教授、博士（人文科学）、臨床心理士。専門は臨床心理学・人格心理学。産業分野を中心に認知行動療法の実践を手掛ける。主な著書は『夢と睡眠の心理学』（風間書房）、『図解 心理学が見る見るわかる』（サンマーク出版）、『パーソナリティ心理学』（共著、培風館）など。

丸山 太地（まるやま・たいち）氏
日本大学文理学部体育学科にてスポーツ医学を学び、在学中よりトレーナーとして活動。卒業後、東京医療専門学校にて国家資格を取得。さらなる知識と技術向上のため上海中医薬大学へ短期留学し、解剖学実習修了。国内でも、人体の構造を日本大学医学部、千葉大学医学部の解剖学教室における人体解剖を通して学び、解剖学実習修了。トレーナー活動と並行し、東京・銀座の治療院でも経験を重ね、2012年に肩こり研究所を開設。

三島 和夫（みしま・かずお）氏
1987年秋田大学医学部医学科卒業。1991年秋田大学医学部精神科学講座助手。1996年秋田大学医学部精神科学講座講師。2000年秋田大学医学部精神科学講座助教授。2002年米バージニア大学時間生物学研究センター研究員、米スタンフォード大学医学部睡眠研究センター客員助教授。2006年国立開発法人国立精神・神経医療研究センター精神保健研究所精神生理研究部部長。日本睡眠学会理事、日本時間生物学会理事、日本生物学的精神医学会評議員。

平松 由貴（ひらまつ・ゆき）氏
美容コンサルタント、有限会社IMコンサルタント専務取締役。看護学校で准看護師の資格を取得後、IMコンサルタントに入社。多くのエグゼクティブを見た経験と美容の知識を融合させることで、肌の改善を通じて印象力や社会的評価を高めるアドバイスを実施。日本で唯一の「経営コンサルティング会社に所属する美容コンサルタント」として活動中。日本美容皮膚科学会所属。主な書籍は『男の年収は「見た目」で決まる』（自由国民社）など。

小野 将広（おの・まさひろ）氏
真向法協会「健體康心」編集長。真向法は1933年、長井津氏が創案した健康法で、普及母体「公益社団法人真向法協会」は、1969年に当時の文部省（現文部科学省）より社団法人として認可。現在、46都道府県に拠点を置き、実施者は100万人以上とされる。

竹内 幸次（たけうち・こうじ）氏
1962年生まれ。1986年大学卒業後に商社勤務。1995年経営コンサルタントとして開業。1997年コンサルタント会社の有限会社スプラムを設立。1998年株式会社スプラムに組織変更、現在に至る。

野中 光一（のなか・こういち）氏
1965年東京都大田区生まれ。クリーニング店に生まれ、25歳頃から父親の仕事を本格的に手伝う。現在、「クリンハウス」という屋号で、東京の武蔵小山と祐天寺の2店舗を経営。

横井 正憲（よこい・まさのり）氏
旭電機化成名古屋商品事業部で開発部長を務める。元懐中電灯メーカーの開発者で、M&Aに伴い旭電機化成へ移籍。本書で取り上げた「リモコン発見器」をはじめ、様々なユニーク商品を自ら開発。

宮崎 俊一（みやざき・しゅんいち）氏
1965年北海道生まれ。1989年松屋入社。1996年より紳士服バイヤーとして活躍。大学やビジネススクールでファッションビジネスの講師を務めるほか、セミナー活動なども展開中。主な著書は『成功する男のファッションの秘訣60』（講談社）、『成功している男の服選びの秘訣40』（講談社）など。

山内 兄人（やまのうち・これひと）氏
1971年早稲田大学教育学部理学科生物専修卒業。1972年順天堂大学医学部第二解剖学教室助手。1980年医学博士（順天堂大学）。1987年早稲田大学人間科学部助教授。1992年早稲田大学人間科学学術院教授。2015年に退職し、同年から早稲田大学名誉教授。

石井 光太（いしい・こうた）氏
1977年、東京都生まれ。アジアの路上生活者や障害者を訪ねる旅をまとめた『物乞う仏陀』（文春文庫）、手足を失ったインドの子供の成長を追った『レンタルチャイルド』（新潮文庫）、世界最底辺の人々の生活を写真とイラストで紹介した『絶対貧困』（新潮文庫）など、著書多数。近刊は、我が子を殺害した親をテーマにしたノンフィクション『「鬼畜」の家～わが子を殺す親たち』（新潮社）。

参考文献

「日経ビジネス」2011年8月1日号特集「元気が出る！すごい制度100」

「日経ビジネス」2012年6月18日号特集「早期退職の経済学」

「日経ビジネス」2013年6月17日号特集「社員は見られている」

「日経ビジネス」2013年12月23日号特集「超国際タウン神奈川県いちょう団地に学ぶ日本再生策」

「日経ビジネス」2014年2月17日号特集「昭和な会社が強い」

「日経ビジネス」2015年1月12日号スペシャルリポート「もっと男性『喝』用」

「日経ビジネス」2015年8月24日号スペシャルリポート「出張先でホテルがない！」

「日経ビジネス」2015年9月7日号特集「日本企業は地球どこでも人手不足」

「日経ビジネス」2016年2月1日号特集「普通の会社はやってない 凄い売り方」

「日経ビジネス」2016年5月2日号スペシャルリポート「潰れそうなあの店が潰れない秘密」

「日経ビジネス」2016年5月9日号特集「強い会社は会議がない」

「日経ビジネス」2016年5月16日号スペシャルリポート「残業が減らないのは家に帰りたくないから」

「日経ビジネス」2016年6月27日号スペシャルリポート「科学で解明『呪いの商業用物件』」

「日経ビジネス」2016年7月4日号特集「本当は凄い ニッポンの発明力」

『敗者の錯覚　あなたの努力が実らない40の理由』（鈴木信行著、日経BP社）

帯、目次、本文内のスタンプ／大嶋 奈都子

本書は日経ビジネスオンラインでのコラム「キーパーソンに聞く」をもとに、
大幅に加筆・修正の上、まとめたものです。

著者略歴

鈴木 信行（すずき・のぶゆき）

日経ビジネス副編集長

1967年生まれ。1991年慶應義塾大学経済学部卒業、同年に日経BP社に入社。「日経ビジネス」、日本経済新聞産業部、「日経エンタテインメント！」「日経トップリーダー」を経て、2011年1月より現職。中小企業経営、製造業全般、事業承継、相続税制度、資産運用などを中心に取材。著書は『敗者の錯覚　あなたの努力が実らない40の理由』（日経BP社、2011年）

宝くじで１億円当たった人の末路

2017年３月28日　第1版第１刷発行
2017年11月13日　第1版第14刷発行

著　者	鈴木 信行
発行者	高柳 正盛
発　行	日経BP社
発　売	日経BPマーケティング 〒105-8308　東京都港区虎ノ門4-3-12 http://business.nikkeibp.co.jp/
装　丁	小口 翔平+山之口 正和+三森 健太（tobufune）
編　集	日野 なおみ
制　作	朝日メディアインターナショナル株式会社
印刷・製本	中央精版印刷株式会社

ISBN 978-4-8222-3692-2